社会のしくみが
手に取るように
わかる哲学入門

萱野稔人

CYZO

社会のしくみが手に取るようにわかる哲学入門——目次

まえがき
なぜ哲学は社会のしくみを理解するための武器になるのか？

いまの社会はとても複雑なしくみのもとでなりたっています。

あまりに複雑すぎて、たとえばニュースをみていても、それをどのように理解したらいいか、その是非をどう判断したらいいか、よくわからないこともしばしばでしょう。

そんな社会の複雑なしくみを少しでも明晰に把握できるようになるには、じつは哲学という学問はとても有効な武器になります。

とはいえ、読者のなかには驚く人もいるかもしれません。

なぜ社会のしくみを把握するのに哲学が有効なのだろうか、と。

さらにはこんな疑問をもつ人もいるかもしれません。

哲学なんていう難解な学問を社会のしくみを把握するために活用したら、よけいに話がややこしくなってしまうのではないか？

こう思うのも無理のないことでしょう。哲学は答えのない問題を延々と議論しつづける学問だと一般には思われていますから。哲学はものごとをできるだけわかりやすく把握する知的作業とは対極にある学問だと思われているんですね。

しかしそうしたイメージは、哲学がもつ、ほんの一つの側面にすぎません。

*

どういうことでしょうか。

ここで少しだけ、哲学がどのようなことを考える学問なのか、説明させてください。

哲学がおこなう議論には大きく分けて二つの種類があります。

当為論と存在論です。

いきなり難しい言葉がでてきましたが、身構えなくても大丈夫です。

まず、当為論というのは「何をなすべきか」を考える哲学の議論のことです。

たとえば、髪を切った友人があなたに感想を求めてきたとします。あなたはその新しい髪型を「変」だと思いましたが、正直にそれを言って友人を傷つけたくはありません。しかし友人は率直な感想を求めています。このとき、あなたは正直に感想を言うべきでしょうか、それともウソをついてでも髪型をほめて友人を喜ばせるべきでしょうか。

当為論ではこのように「何をすることが正しいのか」ということを考えます。たとえば安楽死は認められるべきかどうか、犯罪抑止のための監視はどこまで許されるか、といった問いはすべて当為論に含まれます。個々の事案について「私たちは何をなすべきか」をそれらは問うているわけですから。

こうした当為論は大きくなると「私たちはいかに生きるべきか」といった壮大な問いに行き着きます。多くの人が考える「いかにも哲学的な問い」にそれはかなり近いのではないでしょうか。

＊

つぎに、存在論ですが、こちらは一般的にはあまり馴染みのない議論かもしれません。存在論とは何でしょうか。それは一言でいえば「どのようにそれは存在しているのか」「その存在はどのようになりたっているのか」を考える哲学の議論のことです。

たとえば古代ギリシャの哲学者、アリストテレスは、私たちが生きている物質の世界を「形相（エイドス）」と「質料（ヒュレー）」という概念でとらえようとしました。「形相」とはその物質がもつ「かたち」のことであり、「質料」とはその物質の「素材」のことです。

木製の机を例にしましょう。

この場合、机というかたちが「形相」で、その素材である木材が「質料」ということになります。

ただ、その「質料」である木材も、セルロースやヘミセルロース、リグニンといった主要成分からなりたっています。そのことを考えると、それらの主要成分が「質料」で、樹木というかたちが「形相」であると、さかのぼって考えることができるでしょう。

さらにさかのぼって、それらの主要成分は炭水化物（ブドウ糖）でなりたっていることを考えるなら、炭水化物（ブドウ糖）が質料で、セルロースやヘミセルロース、リグニンが「形相」であると考えることができます。さらにさかのぼって……。

このように物質のなりたちをどんどんさかのぼっていくと、最終的にはどんな形相も性質ももたない純粋な「質料」にまで（理論的には）行き着きますよね。アリストテレスはそれを「第一質料」と呼びました。

また、その「第一質料」に備わりうるような原初的な「形相」を「純粋形相」と呼びました。

そしてアリストテレスは、「第一質料」に最初の「形相」をあたえる働きについて、それは何かに作用されることなく純粋に作用だけをおこなうものであると考え、それを「不動の動者」と呼びました。

このようにアリストテレスはこの世界（宇宙といったほうがいいかもしれません）のなりたちを、「第一質料」に「形相」をあたえる「不動の動者」の働きによってとらえようとしたのです。

これがアリストテレスにおける存在論の概要です。

ところで、宇宙のなりたちといえば物理学がずっと探求してきたテーマです。いまやその探求はきわめて高度で専門的なものになっていますが、たとえば物体からどのように重力が生じるのかといった問いへの探求をみると、アリストテレスの存在論は議論のかたちとしてはそうした物理学の探求と響き合うものであることがわかるのではないでしょうか。

＊

アリストテレスの存在論についての説明が少し長くなりました。

哲学における存在論の議論とは、このように、ものごとがどのようになりたっているのかを概念的に考察していく議論のことです。

ただしこの存在論は、哲学の世界ではけっして物質のなりたちについてのみ議論されるわけではありません。さらにそれは人間社会のなりたちについても議論されます。哲学の世界には人間社会がどのようなしくみでなりたっているのかを考察する存在論の系譜があるということ。これこそ私がここで強調したいことです。

たとえばホッブズの国家論はその一つの典型例です。17世紀イングランドの哲学者、トマス・ホッブズは、当時のヨーロッパで形成されつつあった近代主権国家がどのようなしくみのもとでなりたっているのかを「社会契約」という概念をもちいて明らかにしようとしました。まさにそれは国家の存在論と呼ぶべき考察です。

ヘーゲルの歴史哲学を例にすることもできます。19世紀前半に活躍したヘーゲルは、人間の歴史がどのようなロジックのもとで進展しているのかを考察しました。そこにあるのは壮大な歴史の存在論です。ヘーゲルはその考察をつうじて、人間の歴史を突き動かしているのは自由の拡大というロジックだと論じました。奴隷制が廃止されたり、フランス革命が起こったりしたのは、その具体的なあらわれだということです。

こうしたヘーゲルの歴史哲学は、その後、マルクスがそれをもとに共産主義社会の到来を予想したほど、大きな影響力をもちました。

現代でもヘーゲルの歴史哲学の影響はさまざまなところでみられます。たとえばアメリカの政治学者、フランシス・フクヤマの議論がそうです。フクヤマは冷戦後、ヘーゲルの歴史哲学にもとづいて、自由民主主義こそが政府の最終形態であり、その最終形態が勝利することで人間社会の発展は完成すると論じました。このフクヤマの考察は、冷戦後の世界がどうなっていくのかという問いをめぐって世界的な論争を巻き起こしたほど話題となりました。

哲学における存在論の議論は、20世紀になるとマルティン・ハイデガーによって洗練され、深められました。20世紀以降の現代の哲学を理解するうえで、ハイデガーの影響を無視することは決してできません。

その一つの例がミシェル・フーコーの権力論です。

フーコーの権力論がいかにハイデガーの存在論から影響を受けたものであるのかは、フーコーの著作を読めば読むほど実感できます。まさにその権力論は権力の存在論というべきものです。

フーコーの権力論はそれまでの権力をめぐる議論を根本的に刷新しました。その考察は、それ以降の社会哲学や社会理論に「フーコー以前と以後で議論の中身がまったく変わった」といわれるほどの影響をあたえたのでした。

本書がおもに立脚するのは、こうした哲学における存在論の系譜です。

＊

一言でいえば、存在論とは「……とは何か」を考える哲学の営みのことにほかなりません。

私は冒頭で、社会の複雑なしくみを把握できるようになるためには哲学はとても有効な武器になる、と述べました。その哲学の力は、哲学における存在論の系譜からきているのです。

哲学の世界では、何をなすべきかを考える当為論はしばしば存在論にまで行き着きます。というのも「何をなすべきか」を考えるためには、問題となっているものごとが「どのようになりたっているのか」を考える必要があるからです。

たとえば国家について「どのような国家のあり方が望ましいのか」「よりよい社会のためには国家をなくすべきか、それとも維持すべきか」といった問いを考えるためには、そもそも「国家とは何か、それはどのようになりたっているのか」を把握しなくてはなりません。

同じように、日々のニュースや出来事をまえに私たちが「それをどう判断するか」「社会をどうしていくべきか」を考えるためには、社会のしくみを理解することが不可欠です。

本書のテーマは、現代社会におけるさまざまな事象をとりあげながら、哲学の観点から社会のしくみを明らかにすることです。

それによって読者の方々が、社会のしくみを概念的にとらえられるようになり、かつ哲学的な考え方も身につけられるようになること。それが本書ではめざされています。

項目は全部で二〇あります。それぞれの項目は独立しており、どこから読んでも問題ないように構成されています。

現代社会に生きる私たちはとかく忙しい生活を送っているうえに、さまざまな情報にさらされ、それを有効に活用しなくてはならない必要に迫られています。

ですので、本書も、読者の方々がこま切れの時間を役立てられるよう、それぞれの項目が独立した構成になっています。

装丁／坂本龍司（cyzo inc.）
ＤＴＰ／inkarocks
編集協力／橋富政彦

1　権力の民衆化について

東日本大震災によって引き起こされた、専門家への信頼の低下

　東日本大震災とそれにつづく福島第一原子力発電所の事故は、日本社会にいくつもの大きな問題を突きつけました。そのなかの一つに「専門家はどこまで信頼できるのか」という問題があります。

　福島第一原発事故は専門家への信頼を大きく失墜させました。原子力政策にかかわる多くの専門家がじつは利害当事者でもあったのではないか、という疑いを多くの人に抱かせてしまったからです。

　原発事故後にメディアに登場した科学者や役人たちの対応をみて、多くの人が「専門家は決して本当のことをいわない、自分たちの利益になるような都合のいいことしかいわない」と感じました。

事故後には「原子力村」という言葉も飛び交いました。「原子力村」とは、原発を推進する電力会社や役人、政治家、科学者などが、その閉じた関係のもとで原子力政策を進めてきたことを揶揄する、または批判する言葉です。その「原子力村」の中心に、科学者や役人などの専門家がいるとされました。

問題は、こうした専門家に対する信頼低下をどう埋め合わせるか、ということです。原子力政策において専門家を信頼できなくなったといっても、原子力工学のような高度なテクノロジーについては一般の人たちは何もわかりません。やはり専門的なところは専門家にまかせる以外にないのが実情です。

だから、この問題についてよくいわれるのは、専門家は説明責任を果たすことに徹し、具体的な政策については市民がオープンな議論をつうじて決めるべきだ、ということです。政策決定を専門家にまかせられなくなった以上、その政策決定のプロセスをオープンにし、そこに市民を参加させるしかない、という考えですね。

裁判員制度が導入された背景には何があるか？

注意しておきたいのは、こうした専門家に対する信頼低下はじつはいまに始まったことではない、ということです。

たとえば裁判員制度は、裁判官という法律の専門家に対する人びとの信頼低下を大きなバネとして導入されました。

事実、凶悪事件が起こるたびに、世論からは「刑が軽すぎる」という批判がなされてきました。「裁判官は法律の専門家かもしれないが、被告人の人権ばかり尊重して、被害者（とその遺族）のことはちゃんと考えていないのではないか」という不信感ですね。

凶悪事件の判決が市民の感覚からすると軽すぎるということで、裁判官は「世間知らず」の「司法エリート」でしかない、という眼差しが彼らに向けられるようになったのです。

こうした裁判官の権威の失墜は司法にとって大きな脅威でした。というのも、これを放置しておけば司法そのものが権威と信頼を失ってしまうからです。

そこで考えられたのが、司法判断に市民も参加させる、という方法です。これなら司法判断に市民の感覚が反映され、法の論理と市民の道徳がぶつかってしまうこともないだろう、ということですね。裁判員制度がこうして導入されました。

こうした現象は権力の世界ではよくあることです。なぜなら権力は、みずからの正当性が揺らいだとき、その権力のもとでなされる決定に民衆を参加させることで正当性を回復しようとするからです。

司法にとって、裁判官に対する信頼低下はみずからの正当性の揺らぎを意味します。その揺らいだ正当性を回復するために、司法判断に民衆を参加させる裁判員制度は導入されたのです。

近代とは権力の民衆化のプロセスである

権力の本質は決定することにあります。決定したことにみんなが従ってくれるから権力はなりたつんですね。

正当性の揺らぎとは、その決定の根拠に多くの人が疑問を差し挟むようになることを意味します。これを放っておいたら、決定したことにみんなが従ってくれなくなってしまうかもしれません。

したがって権力は、その決定にみんなを参加させることで「みんなで決めたことだから従え」というかたちでみずからを維持しようとするのです。これが権力の側からみた民主化のロジックです。

近代というのは、こうした「権力の民衆化」の時代にほかなりません。

国王やその側近がものごとを決定していた時代から、選挙が導入され、さらにその選挙権が制限されたものから全国民へと拡大されていく——普通選挙へといたる——プロセスは、まさにその「権力の民衆化」の典型例です。

ほかにも、住民投票制度やオンブズマン制度、そして裁判員制度などの導入によって、権力者のもとにあった決定権が民衆へとじょじょに開放されていくプロセスが近代を特徴づけています。

この意味では、近代はいまだ終わっていません。現代もなお、権力の民衆化プロセスの途上にあるからです。

権力の民衆化がもたらす問題とは？

こうした権力の民衆化とは、別の言葉でいえば「民主主義の実現」ですから、一見するといいことばかりのように思えますが、問題がないわけではありません。

というのもそれは、それまで権力を制限してきた原則を崩してしまうからです。

たとえば裁判員制度の導入によって、裁判のあり方はこれまでの調書主義から法廷弁論主義へと大きく変わりつつあります。

これまでは、裁判に提出された調書を法の論理にもとづいて裁判官が厳密に解釈して、有罪なのか無罪なのか、有罪なら量刑はどれぐらいなのか、ということが決定されていました。しかし裁判員制度では、法の論理は脇へ追いやられ、市民の道徳を体現しているとされる裁判員をまえに、法廷でどこまで被告人の潔白さや善良さが口頭で弁論されたかが、判決に大きな影響を与えるようになりつつあるのです。

極端ないいかたをすれば、市民の感覚からみて法廷での印象が悪い（悪そうな）奴は、同じことをしても有罪になったり重罪になったりする可能性が高くなるということです。これまで権力をある意味で制限してきた法の論理をこえて、権力が発動されるようになるんですね。

かつてオルテガ・イ・ガセットは『大衆の反逆』（１９３０年）のなかで、大衆の意識や道徳が統治の論理を飲み込んで暴走してしまうことにひじょうに大きな懸念をあらわしました。いまや社会でもっとも発言力をもっているのは大衆であり、彼らは安全な場所から文句ばかりを繰り返し、政府に対してお客様気取りで、利益と権利ばかりを主張して要求することをやめない、と。

おそらく、現代の「権力の民衆化」における一番の問題は、統治権力の行使においてますます大きな影響力を大衆はもつようになったにもかかわらず、権力の当事者としての自覚がなく、その決定の結果として何が起こるのかということに責任をもたないところにあるでしょう。

原子力政策を含め、政策決定のプロセスが民衆に開放されていく動きそのものを、もはや止めることはできません。

しかし、何かを決定するということには結果への責任がともないます。この決定と責任のむすびつきという政治の基礎を、権力の民衆化は崩壊させてしまう危険性をもっているのです。大衆は決して責任をとることがありません。

官僚や公務員や専門家をバッシングして「あいつらのせいだ」と民衆が溜飲を下げていられるうちはまだいいでしょう。しかし、民衆がほかに責任転嫁をする余地がなくなったとき、すでに社会のしくみは修復不可能なほど破綻しているかもしれません。

たとえば、現代の日本では超高齢社会をむかえ、高齢者の声ばかりが政治に反映されるようになりました。まさに「シルバー・デモクラシー」の時代です。しかし、その結果、高齢者向けの政策にばかり国家予算がもちいられ、少子化対策や教育政策の充実は後回しにされていまず。このままいけば、少子化はさらに進行し、将来の社会を担う人口が減ってしまい、高齢者福祉そのものもなりたたなくなるかもしれません。

そうなっても、現在の高齢者は決して責任をとろうとはしないでしょう。

また、いまの現役世代のなかにも、世代間格差の問題を否定し、高齢者政策にかたよった予算配分をそのまま是認している論者はたくさんいますが、そういった「シルバー・ポピュリズム」の論者たちも決して責任をとろうとはしないでしょう。

権力の民衆化は、現代の社会にとって決して避けられない流れです。しかし、その帰結は必ずしも喜ばしいことばかりではありません。それは、権力をこれまで縛ってきた制限や責任から、権力そのものを解き放ってしまうことにもなるのです。

『大衆の反逆』
オルテガ・イ・ガセット
／ちくま学芸文庫

2 デフレから脱却するための一考察

金融緩和の狙いとは何か

デフレを克服することは現在の日本経済にとって長年の課題になっています。デフレとはデフレーションの略で、物価が下がってしまうことですね。

そのデフレを克服するための方法としておこなわれているのが金融緩和政策です。

２０１３年４月に日本銀行（日銀）は異次元の金融緩和政策（量的・質的緩和政策）を導入することを決定しました。これは、２％の物価上昇という目標を掲げながら量的緩和政策をおこなおうという決定です。要は、物価が２％上昇するまで、量的な金融緩和政策をつづけようということですね。

量的金融緩和政策というのは、ちょっとわかりにくいかもしれません。

日本の民間銀行は、中央銀行である日本銀行に当座預金というものをもっています。企業が取引のために銀行に当座預金をもつのと同じように、銀行も日本銀行に当座預金をもっているんですね。

それぞれの銀行はその当座預金の残高に比例して融資をおこなうことができます。ちょうど各企業が銀行にある当座預金の残高に応じて融資をうけられたり、取引できたりするのと同じですね。

民間銀行がもつその当座預金の残高を日本銀行が増やしてあげるのが、量的金融緩和政策です。

もちろん当座預金の残高を増やすといっても、日本銀行はタダでそうするわけではありません。そんなことをしたら日本銀行の財務状況が悪化してしまいます。

では、日本銀行はどうやって各銀行がもっている当座預金の残高を増やすのでしょうか。それは、各銀行がもっている国債などの資産を日本銀行が購入することによって、です。

そうすることで、各銀行は当座預金の残高が増え、よりたくさんの融資をおこなうことができるようになります。当座預金がたくさんあれば、これまで融資に慎重になっていた企業に対しても積極的に融資できるようになるかもしれません。

たとえば、これまでにない新しいビジネスをおこなおうとしている企業があっても、銀行はその新しいビジネスが成功するかどうか、前例がないのでなかなか判断がつかず、融資に慎重になっていたケースがあるとします。しかし、当座預金の残高が増えれば、そうしたケースでも銀行は積極的に企業に融資をするかもしれません。銀行は当座預金にお金をためこんでいても、いまのような低金利ではほとんど利益を得られませんから。

そうして銀行による融資が活発化すれば、その分だけ経済は活性化しますよね。これが、量的金融緩和政策の狙いです。

金融緩和によってデフレが克服されるしくみとは?

日本ではバブル崩壊以降、経済が停滞しています。長期の不況で賃金はカットされ、失業者もずっと増えつづけました。ようやく最近になって雇用状況も改善してきましたが、長期の経済停滞によって、物価が下がるデフレも定着してしまいました。

デフレは消費者の側からみれば、いろんなものの値段が下がるため、うれしいことのように感じるかもしれません。しかし、事業者(企業)のほうからみれば、デフレは価格を下げなければものが売れないことを意味するため、利益が上がらず、ひじょうに困った問題です。

また、お金を融資したり投資したりする側からすれば、どうせものの価格が下がるのなら、利益のでにくい事業にお金をだすよりも、そのままお金をもっていたほうが有利だということになり（ものの値段が下がれば同じお金でたくさんのものが買えるようになり、お金の価値が上がるため）、いろいろな事業にお金が回らなくなってしまいます。

つまりデフレは、経済の活性化にとって大きな障害となるんですね。

日銀による金融緩和策には、こうしたデフレを克服するという狙いが込められています。

そのしくみはこうです。

まず、日銀が各銀行の当座預金の残高を増やせば、各銀行は企業などへの融資や投資を積極的におこなうようになります（なるはずです）。

各銀行からの融資や投資が増える、ということは、社会のなかで行き交うお金の量が増える、ということです。社会のなかで行き交うお金の量のことを「マネーサプライ」といいます（厳密には、政府と金融機関を除いた、国内の経済主体――企業や個人――が保有する通貨の合計を「マネーサプライ」といいます）。このマネーサプライを増やすことが、量的金融緩和政策の目的です。

つぎに、社会のなかで行き交うお金の量が増えれば、それだけお金の価値は下がります。

たとえば、ダイヤモンドの値段が高いのは、それが美しいからというだけでなく、希少だからでもありますよね。もしダイヤモンドがたくさん採掘され、たくさん供給されれば、その価値は下がり、売買価格も下がるでしょう。

これと同じで、金融緩和によってお金が社会にたくさん供給され、たくさん行き交うようになれば、その分だけお金の価値は下がります。「お金の価値が下がる」とは、要するに「同じ金額で買えるものが減ってしまう」ということです。たとえば1万円で買えた服が1万2000円払わないと買えなくなってしまうということです。

これは逆にいえば、ものの値段が上がる、つまりインフレになる、ということですね。このインフレ効果によってデフレを食い止めようというのが、金融緩和政策の狙いです。

金融緩和が財政規律をゆるめてしまうしくみ

こうしてみてみると、金融緩和政策にはいいことだらけのような気がします。

事実、第二次安倍政権が経済政策として「大胆な金融政策」を掲げ、それに呼応して日銀が異次元の金融緩和政策を導入することを決定したとき、多くの国民がそれを歓迎しました。

しかし、いいことばかりのようにみえるこの金融緩和にも、限界や危険性がないわけではありません。

よく言われるのは、安易な金融緩和は国の財政規律をゆるめてしまい、結果として、コントロールできないインフレを招来してしまう、という危険性です。

どういうことでしょうか。

日銀が金融緩和によっておもに購入するのは国債です。国債とは、言い換えるなら国の借金のことですね。

その国債を、国はまず銀行など、民間の金融機関に買ってもらい、政府の活動に必要なお金を調達します。そして、今度は日銀が、民間の金融機関が保有している国債を買う、という順番です。国債の動きでいえば【国（政府）】→【民間の金融機関】→【日本銀行】という流れになるわけですね。

ただし、民間の金融機関は政府から国債を「買う」といっても、実際には、政府にお金を貸すことになります。というのも、国債は買って終わりというものではなく、たとえば10年ものの国債であれば、政府は10年後、その国債を保有している人に国債の元本（もとの金額）と利子を合わせて返還しなければならないからです。要するに、国債を買うというのは、指定された期限に政府から元本と利子を返還してもらう権利を買う、ということです。したがってそれは政府にお金を貸すことと実質的には同じです。

一般に、銀行は借金をたくさん抱えている企業や個人にはお金をなかなか貸してくれません。当然ですよね。私たちだって、借金まみれの知人から「お金を貸してくれ」といわれても、なかなか貸す気にはなれません。

それでも貸す場合は、相手が借金を返せなくなるリスクを織り込んで、金利（利子）を高くするでしょう。金利を高くしてお金を貸せるなら、たとえ相手に多少のリスクがあっても、借金が返済されたときの利益を見込んでお金を貸してもいいと考えるかもしれません。

銀行が国債を買うときも同じです。日本の政府は現在、借金まみれです。その日本政府が銀行に国債を買ってもらおうとすれば、金利を高くするしかありません。

金利を高くしないと民間の銀行は国債を買ってくれないということになると、日本政府はそれほど安易には国債を発行できなくなりますよね。国債を発行しても、あとで金利の利払いが重くのしかかってしまいますから。

しかし、その国債を、銀行が買ったあとに日本銀行が確実に銀行から買い取ってくれるということになれば、話は違ってきます。たとえ借金まみれの政府の国債でも、銀行は低金利で安心して買うことができるのです。リスクは全部、民間銀行から国債を買った日本銀行が引き受けてくれるわけですから。

逆に言えば、政府は借金まみれになっていても、量的金融緩和政策がなされているかぎり低金利で国債を発行できる、つまりさらなる借金をすることができる、ということです。

本来なら、借金まみれの人は高い金利を払うことによってしか借金を重ねられないのに、その制限がなければ、借金を抑制するブレーキが働かなくなり、どんどん借金が増えてしまいかねません。政府の場合も同じです。金融緩和によって、政府が借金をしやすくなり（財政規律がゆるみ）、その結果、政府債務が拡大し、財政危機におちいりやすくなってしまいかねないのです。

政府が財政危機におちいれば、その国の通貨は価値を大きく落としてしまいかねません。通貨の価値が下がる、というのは、言い換えるならその通貨で買えるものが少なくなるということですからインフレです。

金融緩和政策のやりすぎによってコントロールできないインフレが生じてしまうのではないか、という懸念がこうして生まれてきます。

なぜ日本社会には強力なデフレ圧力が存在するのか？

しかし、幸いなことに、現時点（２０１８年初頭）ではそうしたコントロールできないインフレは生じていません。それどころか、日銀が掲げた２％の物価上昇すら実現していないという状況です。

では、金融緩和によってコントロールできないインフレが生じるかもしれない、という懸念はまったくの杞憂だったのでしょうか。それはわかりません。今後どうなるかまったくわからないからです。私としては杞憂であってほしいと思っていますが。

それよりも現段階で考えなくてはならないのは、それ以前の問題です。すなわち、日銀があれほどの量的金融緩和政策をおこなってきたのに、コントロールできないインフレどころか、2%の物価上昇の目標ですら実現できていないのはなぜなのか、という問題です。

金融緩和の危険性を考えるまえに、そもそも金融緩和が現在に至ってもなぜ効果を発揮できないのか、を考えなくてはならないのです。

なぜ日本経済はデフレの影響からなかなか脱却できないのでしょうか。言い換えるなら、なぜ日本社会にはこれほどまでに強力なデフレ圧力が存在するのでしょうか。

この問いは決して一言で答えられるような問いではありません。が、ここでは、そのデフレ圧力を生みだしている要因の一端をみておきましょう。

日本は石油や天然ガスなどの鉱物性燃料の多くを輸入に頼っています。その輸入代金がバブル経済以降もっとも安かったのは1994年です。この年、日本は全体として年間4・9兆円の輸入代金を支払いました。

しかしその後、新興国の経済成長などがあり、原油価格は高騰し、2008年には1バレル＝147ドルにまで上昇しました。その08年に日本が鉱物性燃料の購入のために支払った輸入代金は27・7兆円です。94年と比べると22・8兆円も多く支払っています。

では、この増額分を日本経済はどうやって埋め合わせたのでしょうか。

輸出を伸ばすことによってでしょうか。しかしそれでは十分ではありませんでした。94年から08年にかけて貿易収支は10兆円ほど悪化しています。つまり、たしかにこのかんに輸出は伸びたのですが、その輸出の伸びによって埋め合わせることができたのはわずか12兆円ほど（22・8兆円－10兆円）なのです。

問題は、これだけ資源価格が高騰し、鉱物性燃料の輸入代金が増加したにもかかわらず、そのあいだに日本社会ではデフレが進行したことです。

本来なら、資源価格の高騰はそのまま国内物価の高騰（インフレ）への圧力になるはずです。しかし実際にはデフレが進行しました。つまり、日本経済には資源価格の高騰をも吹き飛ばすデフレ要因があると考えなくてはならないのです。

そのデフレ要因を解消しないかぎり、金融緩和をいくらしてもその効果は限定的なものにとどまってしまうでしょう。事実、日本銀行は資源価格が上昇しつづけた２００１年３月から２００６年３月まで量的金融緩和政策をおこないましたが、デフレの進行を食い止めることはできませんでした。

デフレ圧力の背景には経営上の問題がある

エコノミストの吉本佳生は『日本経済の奇妙な常識』(2011年) のなかで、日本のデフレが進行したのは国際的な資源価格が高騰したからこそである、ということを論証しています。その分析によれば、多くの日本企業、とりわけ日本の雇用者の約7割を抱える中小企業は、資源価格の高騰を製品価格に転嫁することができず、従業員の賃金を下げることでそのコスト上昇分を吸収してきました。この賃金カットが、国民の購買力の低下を引き起こし、市場を収縮させ、デフレをもたらした、ということです。

国際的な資源価格の高騰はそのままインフレ圧力として作用するのではなく、逆に賃金カットへの圧力として作用し、デフレを招来したのです。

こうした分析をふまえるならば、デフレを克服するために考えるべきは、この構造をどうやって変えるのか、ということになります。

ただし、その解決は容易ではありません。日本の企業が賃金カットを余儀なくされてしまう(コスト上昇分を製品価格に転嫁できない)ことの背景には、新興国の台頭による「低」価格競争の激化や、現役世代の人口減少による国内市場の規模的縮小など、いくつもの要因があるからです。

【図1】1995年を100とした場合の名目賃金の推移

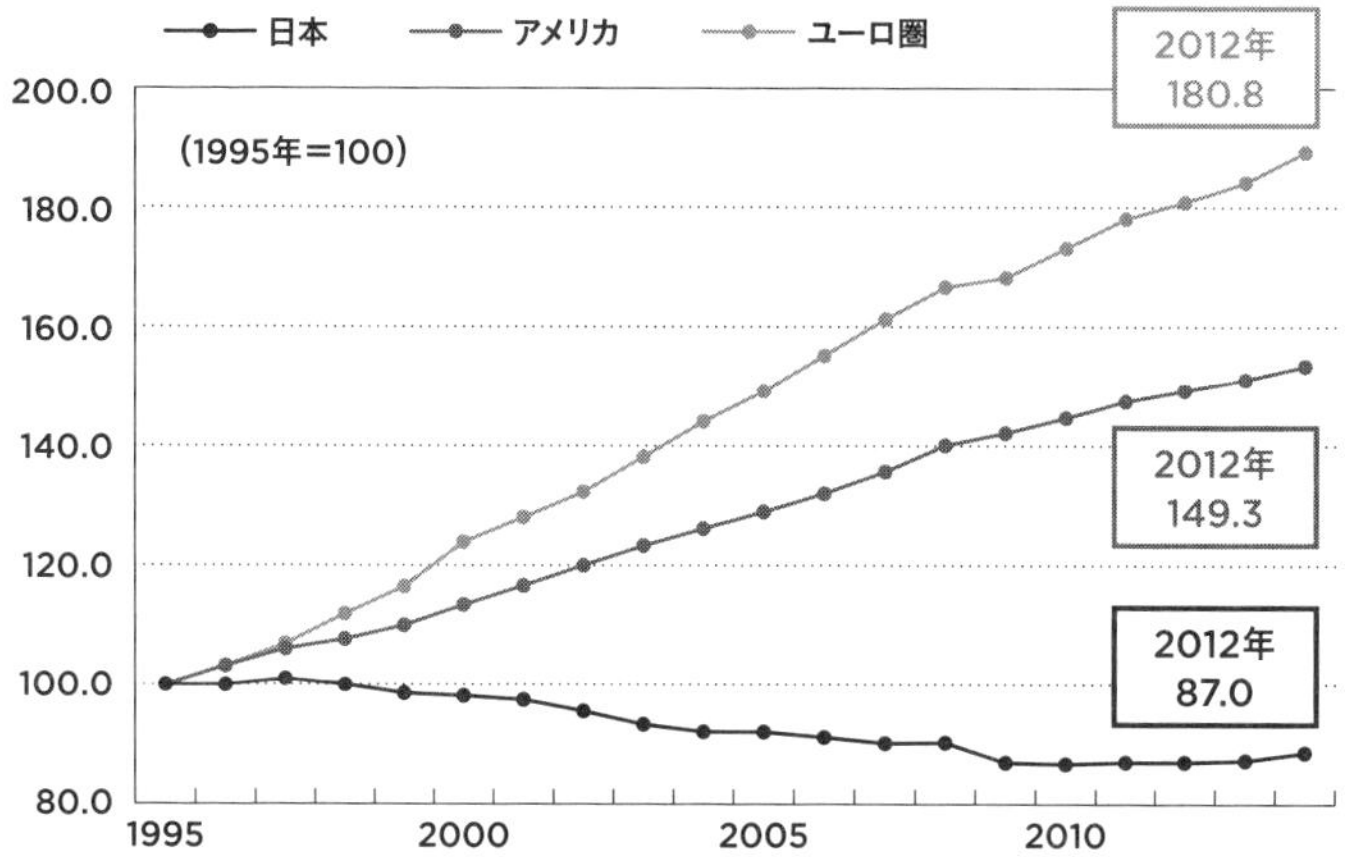

OECD Economic Outlook 2013 より吉川洋氏作成
首相官邸　経済の好循環実現に向けた政労使会議(第2回)配布資料より

とはいえ、賃金カットこそが日本社会にデフレをもたらした大きな要因の一つである、ということはしっかりと認識しておかなくてはなりません。

事実、バブル崩壊以降、日本の名目賃金はまったく増加していません。増加していないどころか減少しています(図1)。

また、たとえ名目賃金が減少していないケースでも、労働時間が伸びていたら、それは実質的には賃金カットと変わりません。

近年では、日本の労働生産性が他の先進国と比べてひじょうに低い、ということがしばしば問題視されるようになりました(図2)。

しかし、企業の売り上げが伸びないなかで、労働時間だけが伸びていけば、必然的に労働生産性は下がります(労働生産性は、産み出

【図2】OECD加盟諸国の労働生産性
2016年・就労者一人当たり／35カ国比較

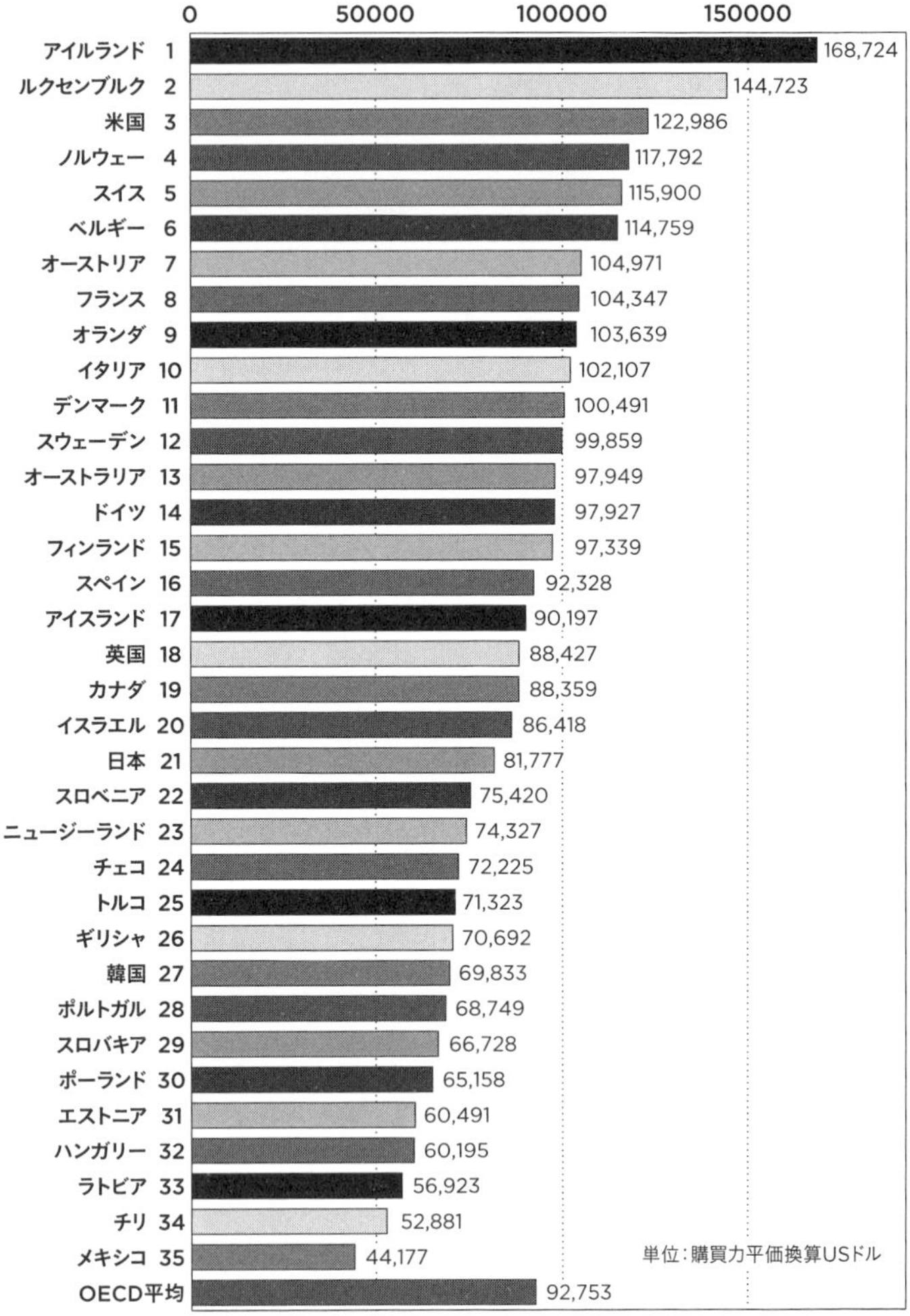

公益財団法人　日本生産性本部「労働生産性の国際比較2017年版」より

された付加価値を労働時間で割ることで導きだされるため)。日本の労働生産性が低いのは、低価格競争のために長らく自社の労働者に長時間労働を押しつけてきた経営者の責任でもあるのです。

資源価格の高騰にせよ、価格競争の激化にせよ、経営上の問題を解決するために、賃金カットや長時間労働を採用することは、ひじょうに安易な方法です。そんな経営なら誰でもできます。

しかし、たとえ雇用を守るためとはいえ、そうした安易な方法が広くとられたことが、日本社会にデフレをもたらしました。デフレの原因には日本の経営の問題があるのです。

たしかに、デフレからの脱却のために、日銀による金融緩和政策は必要なものではあるでしょう。しかし、それだけにたよることは、日本経済に根強くあるデフレ圧力の要因から目を背けてしまい、結果的にデフレからの脱却を遠のかせてしまいかねません。

先述の本のなかで吉本佳生はこんな指摘もしています。

すなわち、資源価格が世界的に高騰しているときに日銀の金融緩和政策によって金融機関に供給された大量のお金は、金融機関に積み上げられたままなかなか実体経済の活動には回されず、場合によっては投機マネーとなってコモディティ市場に流れ込み、資源価格を押し上げる原因にもなった、と。

賃金カットに安易にたよる経営上の問題を解決しなければ、デフレ対策としてなされた金融緩和政策が逆にデフレを深刻化させてしまいかねないわけですね。

金融緩和政策を求めるならば、同時に、賃金カットや長時間労働をあたりまえとみなす経営上の問題も改善していかなくてはならないのです。

『日本経済の奇妙な常識』
吉本佳生／講談社現代新書

3　中央銀行とは何か

お金とは何か

前講では金融緩和について考えました。日本では２０１３年４月から異次元の金融緩和政策がおこなわれてきましたが、実際には望んだような効果がなかなかでていません。それはなぜなのか、ということを日本経済の構造的な問題から考えました。

ここではその考察を引き継ぎつつ、そもそも金融緩和をおこなう中央銀行とは何なのか、という問題を考えていきたいと思います。

日本で中央銀行に当たるのは日本銀行（日銀）ですね。通貨がユーロに統合されたＥＵでは欧州中央銀行がそれに該当しますし、アメリカでは歴史的な経緯もあって「連邦準備制度理事会」と呼ばれるものがそれに該当します。

その中央銀行とはいったい何か。それが今回の考察のテーマです。

まず、金融緩和とは何なのか、ということをあらためて確認しておきましょう。

金融緩和とは、銀行など、民間の金融機関がもっている国債などを中央銀行である日本銀行が買うことで、その金融機関にお金を供給し、市中に出回るお金の量を増やそうという措置のことです。そこにあるのは、市中に出回るお金が増えれば経済が活性化し、デフレも克服できるだろう、という狙いです。

そうした金融緩和策がなぜ可能なのかといえば、日銀がお金の独占的な発行権をもっているからです。

千円札や一万円札をみると「日本銀行券」と書いてあるのがわかりますよね。つまりお金とは、中央銀行が発行する銀行券のことなのです。

その銀行券たるお金を独占的に発行できる権限をもっている以上、日銀はお金をどんどん刷って政府や民間に供給すべき、というのが金融緩和策の出発点です。

中央銀行がお金を発行するようになったしくみ

では、中央銀行はなぜお金を発行することができるのでしょうか。そもそも中央銀行がお金（銀行券）を発行するとはどのようなことなのでしょうか。

中央銀行が生まれてきた歴史をみるとそれがよく理解できます。

その歴史を岩村充著『貨幣進化論』（2010年）が的確にまとめてくれていますので、それを参考にしながら問題を考えていきましょう。

中央銀行というしくみが生まれたのはイギリスです。イギリスの中央銀行はイングランド銀行といいます。

イングランド銀行は1694年にイギリス政府の戦費調達をまかなうために設立されました。

そのしくみは次のようなものでした。

まず、イングランド銀行はそれまで貨幣としてもちいられていた金貨や銀貨を人びとから預かって、その代わりに利子のつく預かり証（捺印手形）を発行しました。

人びとは、金貨や銀貨はたしかに持ち運びに不便だし、イングランド銀行にそれらを預ければ利子もつく、ということで、イングランド銀行にみずからの金貨や銀貨を預け、その預かり証（捺印手形）を金貨や銀貨の代わりに支払い手段としてもちいるようになりました。

つぎに、イングランド銀行はその預かった貨幣（金貨や銀貨）を政府に貸し付けて運用しました。その政府への貸し付けの利子を、貨幣を預けてくれた人びとへの利払いに当てたのです。

もちろんイングランド銀行は預かった貨幣（金貨や銀貨）のすべてを政府に貸し付けたわけではなく、その一部はみずからの金庫に保管しておきました。人びとが預かり証（捺印手形）

をもって貨幣の払い戻しの請求にきたときのために、です。

この、人びとから払い戻しの請求があればいつでも預かり証（捺印手形）を金貨や銀貨に交換するというイングランド銀行の約束が、預かり証の信用を高めました。いつでも確実に交換してくれるならすぐに交換してもらう必要はない、ということで、次第にその預かり証（捺印手形）は金貨や銀貨よりも安全で便利な決済手段として無利子でも通用するようになったのです。

その預かり証（捺印手形）が今の銀行券（お金）のはじまりでした。

もともとは中央銀行が発行する銀行券（お金）が兌換紙幣（それを中央銀行にもっていけば金にかえてくれる紙幣）だったのはそのためです。

その後、イギリスでは18世紀後半になると、産業革命によって地方にも新しい産業がおこり、それにともなって地方にも銀行が設立されるようになりました。

当時は現代のように交通機関が発達していませんから、金貨や銀貨を決済のために大量に地方の銀行に輸送することはできません。

そこで各銀行が採用したのは、金貨に交換可能なイングランド銀行券を金庫に保管しておいて、そのイングランド銀行券と交換可能な自分たちの銀行券を発行する、という方法でした。

これによってイングランド銀行は「銀行の銀行」となったのです。

現在、民間の各銀行は相互の決済のために中央銀行に当座預金をもっています。その当座預金は、もともとはこの、イングランド銀行券が保管されていた各銀行の金庫が進化したものだといえるでしょう。

こうしたしくみのもと、イングランド銀行から貸付を受けていたイギリス政府は、議会の承認のもとでイングランド銀行に債券（つまり国債です）を発行し、徴税によって得た歳入によって国債の利払いを続けました。

イギリス政府のえらいところは、この利払いをちゃんと実行しつづけたことです。そのイギリス政府の信用がイングランド銀行券の信用力を支えました。

その結果、フランス革命とナポレオン戦争という大きな政情不安定化によってイングランド銀行が1797年に金貨と銀行券の交換（金兌換）の停止に追い込まれたときも、イングランド銀行券は価値が崩壊して紙くずになるようなことはなかったのです。

イングランド銀行券はその後、1833年に法的な通貨としての機能を認められます。そして1844年のピール銀行法によって、イングランド銀行は銀行券の独占的な発行権を与えられ、現代のような中央銀行のかたちになったのです。

価値の裏付けとは何か?

こうした中央銀行の成立史は私たちに何を教えるでしょうか。

最初のポイントは、中央銀行にとって発行された銀行券(つまりお金)というのは一種の負債だということです。

もともと銀行券は金貨や銀貨の預かり証として出発しました。かつて金本位制の時代に、銀行券を中央銀行にもっていけば金に兌換してくれたのはそのためです。

言い換えるなら、中央銀行はその銀行券をもっている人に対して、それに相当する金貨や銀貨をいつでも払い戻さなくてはならないという債務を負っていました。

だから、中央銀行は銀行券(お金)を発行できるからといって、それがみずからの資産になるわけではまったくないんですね。それどころか逆に、お金を発行すればするほど、中央銀行にとっては負債が増えてしまうのです。

事実、現在でも銀行券は日本銀行のバランスシート上では負債として計上されています。これはアメリカやイギリスなどの主要中央銀行でも変わりません。

中央銀行の成立史から導かれるポイントはほかにもあります。

そのポイントとは、お金(銀行券)にはかならず価値の裏付けが必要だ、ということです。

現代では、中央銀行は法律によってお金（銀行券）の独占的な発行権を与えられています。しかし、だからといって決して好きなだけお金を発行できるわけではありません。お金の発行のためには価値の裏付けが必要だからです。

かつてイングランド銀行が銀行券を発行できたのは、あくまでも人びとから金貨や銀貨を預かることによってでした。その銀行券を中央銀行にもっていけばいつでも金に兌換してもらえたからこそ、銀行券は価値あるものとして人びとのあいだで流通したのでした。

現在でも、日銀が金融緩和によって民間銀行にお金を供給することができるのは、それらの民間銀行から日銀が国債などの資産を購入するからです。日銀は国債などの資産を購入する代金として金融緩和をおこなっているんですね。

したがって、中央銀行はお金（銀行券）を発行すればそれだけ負債が増えますが、同時にその分だけ何らかの資産（かつてなら金貨や銀貨、いまは国債など）も増やすことになるのです。

その両者がバランスすることで――言い換えるなら中央銀行が保有する資産によって価値を裏付けられることで――お金（銀行券）は価値をもつのです。

国家の徴税力こそがお金の価値を支えている

ただし、この話はこれで終わりではありません。

というのも、当時イングランド銀行券の信用力を最終的に支えていたのはイギリス政府の信用力だったからです。

どういうことでしょうか。

まず、イングランド銀行は人びとから預かった金貨や銀貨をイギリス政府に融資して、イギリス政府の財政を支えました。その一方で、イギリス政府は毎年の税収からその融資に対する利払いをつづけました。

そのイギリス政府による利払いがしっかりと実行されつづけたからこそ、イングランド銀行は収益を確実にあげていると人びとから評価され、たとえ政情不安定化によって金との兌換が停止されてもイングランド銀行券は価値を失うことなく、信認されつづけたのです。

そこでは、金はあくまでも価値の「媒介」にすぎず、イングランド銀行券の信用力を最終的に支えたのは、徴収した税をもとにイギリス政府がイングランド銀行に利払いをつづけたという実績だったのです。

現代では金本位制は廃止されて、銀行券は金と兌換されていません。にもかかわらずその銀行券が価値あるものとして人びとから信認されているのは、こうした国家の徴税力が背景にあるからです。

とりわけ現代では、中央銀行は銀行券の発行をつうじて国債を資産として購入しています。ですので、政府が国債の利払いと償還を徴収した税によってしっかりおこなえることが銀行券の価値を支えている、という構図が明確になっています。

しばしば、貨幣（銀行券）の価値はその国の国力によって支えられている、といわれるのはそのためです。ドルが強いのは、アメリカの国力が強大だから、ということですね。

事実、各国の国力はその国の政府の徴税力によって体現されます。

まず、その国の経済力が大きくなければ政府は多くの税金を徴収できません。

また、そもそも政府が国民から信頼されていなければ、政府は安定的に国民から税を徴収することができません。政府が国民から信頼されているかどうか、というのは、その国の国力を計るもっとも重要な指標の一つです。国民の不満が高まって、大規模な不服従や反逆、内戦などが起これば、政府の基盤が不安定になり、政府は安定的に税を徴収することができなくなりますから。

つまり、政府の徴税力がどれほどあるかによって、その国の国力がどれぐらいあるのかが示されるのです。

結局、私たちのお金（銀行券）の価値を支えているのは、最終的には政府の徴税力に象徴されるような国力だということです。

ここで言う「国力」とは、その国の経済力や技術力、人口規模や人口構成、政府の統治能力や国民からの信頼度、などを総合したものです。それが、政府がどれぐらいのお金を徴税できるのかにあらわれるのです。

かつてイングランド銀行券の価値を最終的に支えたのは、国債の利払いを税収から着実におこなえるというイギリス政府の信用力でした。決してイングランド銀行が保有していた金や銀が最終的な支えだったのではありません。金や銀は、イングランド銀行がみずからの銀行券を通用させ、政府に貸付をおこなうための「媒介」にすぎませんでした。

金本位制が廃止された現代では、その「媒介」は消え、国力がお金の価値の土台（ファンダメンタルズ）となっているという構図はますます明確になっています。とりわけ、中央銀行が国債を資産として購入してお金を供給する金融緩和策では、その構図が純粋にあらわれていると言えるでしょう。

金融緩和策の存在論的な限界とは

この点で言うと、金融緩和策には、それをおこなえる限界というものがおのずからあることになります。すなわち、政府が国債の利払いと償還を着実におこなえると考えられる範囲でのみ中央銀行は金融緩和をおこなうことができる、という限界ですね。

金融緩和策によって日銀が国債を買いつづけてくれるからといって、日本政府はいくらでも国債を発行できるわけではありません。みずからの徴税力をこえて日本政府が国債を発行すれば、ただちに「日本政府は国債の利払いや償還をおこなえないかもしれない」という疑いが生じ、国債の信用に傷がついてしまいます。

国債の信用に傷がつけば、それを資産として購入することでお金を発行している日本銀行の信用力にも傷がついてしまいます。つまり、国債を価値の裏付けにしているお金の信用力も落ちてしまう、ということです。

そのお金の信用力の低下は、お金の価値の低下、すなわちインフレとしてあらわれます。インフレとは、お金の価値が低下し、1万円なら1万円で買うことのできるものが少なくなってしまう（同じものを買うためにたくさんのお金を払わなくてはならなくなってしまう）という現象です。

こうした限界は、金融緩和策そのもののなかに必然的に含まれている限界です。金融緩和策がなりたつメカニズムそのものによって不可避的にもたらされる限界といってもいいでしょう。こうした限界を、哲学的には「存在論的な限界」といいます。

現在の日銀による金融緩和策がどの時点でこうした限界に直面するか、ということをあらかじめ正確に知ることは困難です。結局、日銀は国債の価格などの市場の動向をみながら、金融緩和策をどこまでおこなうべきか、どこまでおこなうことができるかを、見定めていくしかありません。

『貨幣進化論「成長なき時代」の通貨システム』
岩村 充／新潮選書

4　なぜ日本のポストモダン思想は不毛だったのか？

完全に空疎だった、日本のポストモダン思想の流行

私が大学に進学したのは１９８９年ですが、そのころの日本の人文思想界ではポストモダンが全盛期で、少しでも哲学や思想に興味がある学生はほとんどと言っていいほどポストモダン思想（として紹介されていたもの）に感化されていました。

愛知県の某地方都市でさして文化度の高くない高校生活を送っていた私は、ポストモダンなどというものが思想界を席巻していることを大学に入るまでまったく知らず、したがって当時スターとしてあがめられていたデリダやドゥルーズといった哲学者たちの名前も知らなかったので、大学で先輩や同級生がポストモダンの用語や思想家の名前をつかって議論を交わしているのをみて驚いたものです。

ただ、その当時日本でなされていたポストモダン論議の大部分は、いまから振り返るとひじ

ょうに空疎なものでした。そのころ日本でだされた書物や論文をいま読むと、あまりの無内容さと独りよがりな物言いに「よくこんなものにみんな熱中していたな」と恥ずかしくなってしまいます（もちろんだからといってドゥルーズやフーコーの議論が無内容だということではありません、あくまでも日本の思想界での話です）。

あの時代、輝いてみえたポストモダン思想も、実際のところは、大学の研究者も含め、多くの人が「外部」だとか「力」だとかいったポストモダン用語に振り回されて、本当は自分たちでもよくわかっていないことを印象論のレベルで論じていただけでした。

ですので、当時のポストモダンの議論が現代の哲学界やアカデミズムに有意味な影響をほとんどあたえていないのも当然のことでしょう。

とはいえ、それでもなお当時のポストモダン議論に影響を受けつづけ、当時のままの語彙や物言いで思想を論じている人間が日本にはまだまだいるのも事実で、そういった人間をみると、端的にうんざりします。

貨幣をめぐるポストモダン思想の中身

そうした当時のポストモダン思想による議論の一つに貨幣をめぐる議論があります。

たしかに貨幣は謎に満ちています。

たとえば一万円札という紙幣は、いうなれば「壱万円」と印刷された紙切れにすぎません。なのに、なぜそれだけの価値があるものとして人びとのあいだで流通するのでしょうか。

これは真に考えるに値する問題です。

ポストモダン思想でもしばしばこの問題は取り上げられました。

ただし、そこでの「解決」はほとんど解決といえるようなものではありませんでした。

ポストモダン思想における貨幣論では、往々にしてマルクスの『資本論』（第一巻：1867年）における価値形態論が引き合いにだされ、それが記号論的に読み替えられることで、次のように論じられることが定番でした。すなわち「貨幣が貨幣としての価値をもつのは、みんながそれを貨幣として使っているからである（つまり、みんながそれを価値あるものとして受け取ってくれるから、私たちは紙幣を価値あるものとして受け取るのである）」と。

岩井克人『貨幣論』などがこうした議論の典型例です。

とはいえ、これではそもそも問題に対する理論とはいえません。

なぜなら、本来そこで考えるべきなのは「なぜみんなはそれを価値あるものとして受け取るのか」という問題であるからです。それなのに、「みんなが受け取ってくれるから」「みんなが使っているから」という点を、貨幣が価値をもつ根拠として求めるのは、単なるトートロジー

（同語反復）にしかなりません。

こんなことはちょっと冷静になって考えてみればわかることなのですが、当時は多くの人がこうした理論ならざる理論に惹き込まれていたのです。

それが日本の「ポストモダン」時代の知的状況でした。

ちなみに、マルクスの価値形態論を記号論的に読み替えるという手法は当時のポストモダン思想のなかではよくつかわれたものですが、これも「貨幣と言語は構造的に類似している（たとえば貨幣と商品の関係は言語と事物の関係に等しい）」というような、まったくでたらめな断定にもとづくものでした。

貨幣が価値をもつのは決して「神秘」ではない

では、なぜ紙幣は価値をもつものとして人びとのあいだで流通することができるのでしょうか。

岩井克人は先ほどの『貨幣論』の結論部分で、それを「無が有になる神秘」だと述べています。

この結論は、いまからみると思わず苦笑してしまうほど滑稽なものです。経済学の専門家が、貨幣が価値をもつことを「神秘」だと結論づけてしまうわけですから。

でも、そうしたもの言いがあたかも深遠な議論であるかのように受け止められていたことが、当時の日本の思想状況をあらわしています。

貨幣が価値をもつことは、実際には「神秘」でもなんでもありません。そこにはちゃんとした根拠があります。

その根拠を、中央銀行が設立されてきた過程をつうじて考察したのが前講でした。

おさらいを兼ねて簡単に確認しましょう。

もともと現在のような貨幣（紙幣）が生まれたのは、中央銀行のもととなったイングランド銀行が、それまで通貨として使用されていた金や銀を人びとから預かって、その代わりに利子のつく預かり証（捺印手形）を発行したことによってでした。

その捺印手形が紙幣の原型となったのです。かつて紙幣は「兌換紙幣」として中央銀行が保有する金と交換可能だったのはそのためです。

他方でイングランド銀行は、人びとから預かった金や銀をイギリス政府に貸し付けて、そのイギリス政府から受け取る利子を捺印手形の利払いにあてました。そして、イギリス政府が毎年の税収からその利払いを着実におこなったことが、捺印手形の信用力を支えました。

つまり、イングランド銀行の捺印手形を人びとが受けとってくれ、それを決済手段としてもちいる（すなわち捺印手形が紙幣として流通する）ことを支えたのは、イギリス政府の徴税力だったのです。

徴税力とは単に政府の権力の大きさや国民からの支持だけを意味するのではありません。税を支払う人びと（国民）の経済力も、その政府がどれぐらいの額の税を徴収できるかを決定します。

要するに、徴税力とはその国の「国力」全体をあらわすものなんですね。

その徴税力こそが貨幣の価値の裏づけとなる。だからこそ、政府の統治が機能していなかったり、財政政策がうまくいっていなかったり、経済力がない国の貨幣は、その価値が低下してしまうのです。

結局、貨幣が価値をもつのは、人びとがそれをさしたる根拠もなく貨幣として使っているからではなく、政府による徴税をつうじて国力とむすびついているからなんですね。

市場経済と国家の関係を再考すべき

日本のポストモダン思想では、「貨幣に価値があるのはみんながそれを貨幣として使っているからにすぎない」ということがさかんに論じられました。

しかしそれは「当たり前だと思われているものでも実は確たる根拠などない」というポストモダン思想によくあるロジックの一つにすぎませんでした。

たしかに、貨幣についてよくわからないままいきなりそんなことを言われると、聞いたほうはドキッとして「たしかにそうかもしれない」と思わず信じてしまうのかもしれません。しかし、それは単に、貨幣とは何かを十分説明できないという理論の弱さからくるレトリックにすぎませんでした。

たとえば、日本のポストモダン思想が当時熱心に崇めていたドゥルーズ＝ガタリ『千のプラトー』では、貨幣の起源には国家による徴税がある、と明確に論じられています。「貨幣が価値をもつのはみんながそれを価値あるものとして使っているからだ」という空論が入り込む余地はそこにはまったくありません。

問題は、こうした日本のポストモダン貨幣論が、貨幣のなりたちにおける国家の役割を見逃してしまっていることです。

その結果、貨幣が市場のメカニズムだけでなりたっているという思い込みが日本の思想界に広がってしまいました。

この点でいうと、ポストモダン貨幣論は、国家は市場からでていくべきだと主張する市場原理主義とひじょうに近い発想に立っています。どちらも市場経済は国家から自立的になりたつと考えるわけですから。

しかし、市場経済は税という非市場的なお金の流れによって支えられなくては決してなりたちません。

２００８年の世界金融危機を思い出しましょう。

あのとき、それまでは「政府は市場に口出しするな」とさかんに叫んでいた投資銀行に、税による莫大な公的資金が注入されました。税による支援がなければ市場経済そのものが機能不全に陥りかねなかったからです。

たしかに、現在では紙幣と金との兌換は廃止されており、紙幣は何の実体的な価値ともむすびついていないヴァーチャルなものになっているようにみえるかもしれません。しかし、だからこそよけいに貨幣の価値は政府の徴税力（とそれがあらわす国力）にダイレクトにむすびついていることが理解されるべきなのです。

国家は単に犯罪を取り締まり、市場での交換のもととなる所有権を保護することによって、外在的に市場とかかわっているのではありません。徴税をつうじて貨幣の価値を支えることで内在的に市場を構成しているのです。

『資本論（一）』
カール・マルクス／岩波文庫

5　本のアウラが消えていく時代

縮小しつづける出版市場とそのパラドクス

しばらく前から「本が売れなくなった」という声をいろいろなところで聞くようになりました。

2010年ごろでしょうか、日本では新書ブームがあり、一時的に出版市場が盛り上がったようにもみえましたが、それもいまや完全に沈静化しています。

私も著者として出版の世界で活動している人間ですので、本が売れなくなったという事態は決して他人事ではありません。

その事態は数字によってはっきりと示されています。

日本の出版市場は1996年に過去最高の2兆6563億円を記録して以降、縮小の一途をたどっています。

2009年には21年ぶりに2兆円台を割り込みました。この2兆円台の割り込みはニュースでも大きく報じられたので、覚えている人もいるかもしれません。

最新の統計である2017年の数字をみると、1兆5916億円まで出版市場は縮小しています。これは紙の出版市場だけでなく電子出版の市場も加えた数字です。紙の出版市場だけですと1兆3701億円です。ピークだった1996年と比べると、電子出版の市場を加えても、1兆円以上、割合でいうと4割以上も減少しています。

これでは多くの出版関係者が「本が売れない」とボヤくのも仕方のないことですね。

興味深いのは、このように出版市場が縮小の一途をたどっている一方で、新しく刊行される書籍の点数は増えているということです。

1996年には6万3054点だった新刊書籍刊行点数は、2009年には7万8555点になりました。その後も新刊書籍刊行点数は増えつづけ、2013年には8万2589点まで拡大しました。

近年になってようやくその増加傾向も反転し、2016年は7万8113点になっています。

つまり、長期的なトレンドでいうと、かつてより多くの点数の本が出版されるようになっているにもかかわらず、それぞれの本の販売部数はそれに反比例してどんどん減っているのです。

これは出版社にとっては、一点ごとの書籍の販売部数が減っているので、できるだけたくさんの点数の書籍を刊行することで全体として利益を維持しなくてはならない、という状況を意味します。

これはキツイですね。仕事はどんどん忙しくなる反面、だした本はたいして売れることなく、すぐに書店から姿を消していってしまうわけですから。

私の周りにも、つくらなくてはならない本のノルマが増えて悲鳴をあげている編集者がたくさんいます。そうなると、いい本をじっくり時間をかけてつくるなんてことはもうできません。

「活字離れ」が本が売れなくなったことの原因ではない

では、なぜ本が売れなくなってしまったのでしょうか。

しばしばその理由として「若者の活字離れ」が指摘されます。

しかしその指摘はまったく正しくありません。

というのも、若者は活字から離れているどころか、逆にかつてなく活字に触れているからです。メールやSNS、インターネットのサイトやブログなど、彼らはスマホやパソコンをつうじてつねに活字を読み書きしています。

年長世代だって、仕事や私用で、多い人では一日に何十通ものメールをやり取りしますよね。

メールの登場によって、私たちは人類史上最高といっていいほど手紙（メール）のやり取りをするようになりました。フェイスブックやツイッターといったSNSの登場はさらにそれに拍車をかけました。

それだけ現代の私たちは活字を読み書きしているということです。

本が売れないというとすぐに「活字離れ」が叫ばれますが、実際にはまったく逆の事態が進行しているのです。

むしろ、ネットやメールなどをつうじて活字があふれすぎてしまったために、わざわざ書物によって活字に触れたり、知識を得たりする必要性が低下してしまっている、というのが現状です。「活字離れ」ではなく、いわば「活字あふれ」で本が売れなくなっているんですね。

ニュースについても同じです。

いまやネットで主要なニュースを読むことができるようになりました。そのため、わざわざ新聞を買ってニュースを手に入れる必要性が低下してしまいました。

実はここに、書籍や新聞の販売部数が低下している大きな要因があります。書物や新聞が活字や情報に触れるための特権的な媒体ではなくなってしまったんですね。その背景にあるのは「活字離れ」ではなく、あくまでも「活字の過剰」であり「情報の過剰」なのです。

活字の過剰は何をもたらすのか

この「活字の過剰」は書籍そのものの過剰によってもたらされています。

先ほど、出版市場は縮小しているのに書籍の刊行点数は増加していると述べました。これは読者の側からすれば、次から次へと新しい本がだされるので追いつけない、という状況を意味します。

書籍を一つの消費財としてみたときに特徴的なのは、消費する（つまり読む）のに時間がかかる、ということです。

次から次へと本がだされても、一日は24時間しかないし、現代人はますます忙しくなっていますので、読みきれません。

ブランド物のバッグとかアクセサリーなら、次から次へと商品がだされても、お金さえあれば使い捨てのように消費して、それに応えることができるでしょう。

しかし、消費に時間がかかる書籍のような消費財は、たくさん供給されたからといって、その分市場が開拓されて消費が拡大するわけではないのです。

書籍の供給が過剰になればどういったことが起こるでしょうか。

当然、書籍の値が崩れます。つまりデフレですね。

２０１０年ごろの新書ブームとは、まさに出版市場における価格破壊でした。それまでは２０００円したような書物が新書になって８００円程度で買えるようになったわけですから。事実、全体でみても書籍の平均単価は年々低下しています。簡単にいえば利益がでにくくなっているわけですね。

新書ブームが起こったとき出版界はわきたちました。が、実際にはそれは出版市場のさらなる低迷へのレクイエム（哀歌）だったのです。

さらに言うと、供給が過剰になれば価値が低下する、というのは、書籍だけでなく情報そのものにも当てはまります。

いまやインターネットをつうじて、日々、膨大な情報が供給されるようになりました。そしてその情報の多くが無料で閲覧できるものです。

そうなると、当然ながら、わざわざお金を払って情報を得ようとする人は減りますよね。無料の情報ですら、個人が絶対に読みきれない膨大な量が毎日毎日、供給されるわけですから。

よっぽど特定の情報源（たとえば特定の新聞や雑誌など）に価値を見出している人でないと、情報を得るためになかなかお金を払わなくなっているのです。

情報に対するこうした価値低下の圧力は、残念ながらあらがうことがほとんど不可能なものです。それどころか、出版社や新聞社などのメディア各社は、売り上げが落ちてしまった分をさらなる書籍や記事の配信によって補おうとするので、よけいに価値低下の圧力が生まれてしまっています。

情報に対する価値低下（売り上げの低迷）の圧力にあらがおうとすればするほど、情報が過剰になり、その圧力が逆に強まってしまうんですね。

ちなみに、供給過剰が価格低下を引き起こすというのは、日本経済を悩ませてきたデフレ現象とまったく同じ構造です。

もちろんデフレの背景は複雑です。

が、出版市場における価格低下はデフレのメカニズムを理解するための一つのヒントを与えてくれています。

供給過剰がデフレの大きな要因の一つである以上、業務の効率化などで供給力をあげてもデフレがいっこうに解消しないのは当然といえば当然です。

実際、出版業界でも、ＩＴの活用などによる効率化であまりに簡単に書籍が編集され出版されるようになったという供給力の上昇が、書籍そのものの価格低下を引き起こしました。

書物から「アウラ」が消えていく時代

問題は、ここまで活字が過剰になり、書籍も過剰になると、書物そのものの性格が変わってしまうということです。

ネットなどをつうじた活字の過剰によって、書物はもはや知の特権的な媒体ではなくなりました。

また、書籍の過剰によって、書物は「ありがたいもの」ではまったくなくなり、逆に「場所をとるだけのもの」「処理に困るもの」になりつつあります。

かつては、百科事典や文学全集を居間や書斎に並べることが教養をあらわすインテリアとして（たとえ実用していなくても）重宝された時代がありました。また、気に入った本の装丁をわざわざ自分で革製のものにかえる人や、「本だけは捨てられない」と巨大な書庫を自宅に設ける人も少なからずいました。

書物は知の象徴として物神的な価値をもっていたのです。

しかしいまではその物神性ははがれ落ち、邪魔なものとなり、書物もまた他の消費財と同じように大量生産・大量廃棄されるものになったのです。

かつてヴァルター・ベンヤミンは『複製技術時代の芸術』（１９３６年）のなかで、映画や写真など、複製できる芸術の登場によって芸術作品から「アウラ」が消えていくだろうと論じました。「アウラ」とはいわゆる「オーラ」のことです。

それを援用するなら、現代は書物から最後の「アウラ」がなくなりつつある時代だといえるかもしれません。

書物はもともと複製技術（活版印刷技術）によって生まれたので、絵画などの他の芸術作品と比べると、「いまここにしかない」という「アウラ」性は弱かったかもしれません。

とはいえ、それでも書物も作品である以上、そこには知の象徴としての「アウラ」がありました。それが書物の物神性へと結実していたのです。

しかし、ここまで活字や情報が過剰となり、書籍が簡単に、かつ過剰に出版されるようになると、書物はただのデータを運ぶ器の一つでしかなくなります。

複製技術の究極とは、すべてがデジタルデータになることです。デジタルデータであればいくら複製しても劣化しませんから。

その意味で、書籍を純粋にデータとして流通させる電子書籍化の流れは、賛否両論あるにせよ、「アウラ」が消滅した書物にとって歴史的な運命なのかもしれません。

『複製技術時代の芸術』
ヴァルター・ベンヤミン
／晶文社

6 東アジアのパワーバランスの変化から日韓関係をとらえる必要性

なぜ韓国大統領は竹島に上陸したのか？

２０１２年、日韓関係が一気に悪化したことがありました。

発端はその年の８月10日に韓国の李明博大統領（当時）が現職大統領としてはじめて竹島に上陸したことでした。

竹島は日本と韓国がともに領有権を主張している日本海の島です。１９５４年以降、韓国が実効支配しています。

また、李明博大統領はその上陸直後の14日に、天皇陛下の訪韓の可能性について触れて、「韓国を訪問したいのなら、独立運動で亡くなった方に真の謝罪をするべきだ」と発言し、竹島上陸で生じた日本側の反感をさらに悪化させました。

なぜ李明博大統領は日韓関係を確実に悪化させることが明白だったにもかかわらず、竹島に上陸したのでしょうか。

その理由について韓国大統領側は慰安婦問題を挙げています。要は、2011年末におこなわれた日韓首脳会談で大統領は野田佳彦首相（当時）に慰安婦問題の解決を求めたが、その対応が消極的だったので、行動で韓国の姿勢を見せる必要を感じた、ということです。

しかしこれが強引なこじつけであることは明らかです。実際、領土問題と慰安婦問題は何の関係もありません。もし慰安婦問題が「解決」したら、韓国政府は竹島の実効支配をやめるつもりなのでしょうか（実際にはすでに1965年の「日韓請求権協定」で、慰安婦問題は両国政府のあいだで解決しています）。

権力機構が十分に近代化していない韓国社会

当時の日本国内では、この竹島上陸の理由について大統領の保身だという指摘がさかんになされました。

たしかに李明博大統領はこのとき、大統領の任期終了をまえに政治的に追い詰められていました。

まず、2012年になって側近がたてつづけに不正資金疑惑で逮捕されました。7月には兄もあっせん収賄の疑いで逮捕されています。もしかしたら李明博大統領も任期後に何らかの疑惑で捜査され逮捕されてしまうかもしれない――そんな予想がそこかしこででていました。

韓国では2009年に、不正資金疑惑で捜査中だった盧武鉉元大統領が自殺しています。また、かつて全斗煥、盧泰愚の両大統領経験者が不正事件で逮捕、収監された例があるように、任期を終えた元大統領の身は決して安泰ではありません。

李明博のあとに大統領に就任した朴槿恵も、任期の最後には、憲法裁判所による弾劾妥当の決定を受けて失職し、退任後に収賄疑惑によって逮捕されてしまいました。

なぜ韓国ではこうしたことが起こるのでしょうか。

それは一言でいえば、韓国では権力関係が十分に脱人格化されておらず、大統領の権力が法よりも個人の意向によって運用される傾向が強いからです。

このため、大統領の任期のはじめには、多くの人がその権力にあやかろうと大統領のもとに集まってきますし、またそれにともない大統領自身も大きな権力を行使することができるのですが、他方で大統領の任期が残りわずかになると、次の大統領ポストをめぐって熾烈な権力闘争が発生し、現職大統領を引きずりおろそうとする動きが活発化するのです。

さらには新しい大統領が就任したあとも、古い大統領に仕返しをしたいかつての政敵や、古い大統領の影響力を取り除きたい現政府の勢力によって、かつての大統領の不正を追及する動きが活発化するのです。

権力関係が十分に脱人格化されていない、ということは、韓国ではそれだけ権力関係が成熟していない、ということです。

近代において権力は「人が獲得するもの」から「役職に付与されるもの」へと成熟してきました。法による支配が徹底される、とはそういうことです。

しかし韓国ではそれが十分に達成されていません。

日韓関係において韓国は十分に法を遵守していないのではないか、と私たちが感じてしまうのも、根本的な原因はその点にあります。

たとえば韓国による竹島の実効支配はサンフランシスコ講和条約に明白に違反しているにもかかわらず、韓国は国際法を無視して居直っています。

領土問題とは国家同士の力関係の縮図である

とはいえ、李明博大統領が竹島に上陸した理由を大統領の保身だけに求めることは十分ではありません。やはりその行動には外交上の大きなリスクがともなっていた以上、そうした行動を選択した背景には李明博大統領なりの対日外交戦略があったとみるべきです。

この点で注目すべきは、李明博大統領が竹島上陸に関連してみずからこう述べていたことです。

「国際社会での日本の影響力は以前ほどではない」

この発言は、竹島上陸後の8月13日に李明博大統領が国会議員らを招いた昼食会でなされました。先の慰安婦問題への指摘がなされたのも同じ場においてです。

竹島上陸の理由としてはむしろこちらのほうが本音だと考えるべきでしょう。つまり、日本の国力が落ちたので韓国の対日外交はもっと強気で臨むべきだと考えたからこそ、李明博大統領は竹島上陸という行動にでた、ということです。

そもそも領土問題というのは国家同士の力関係の縮図です。

領土問題が存在するということは、そこでの国境線が画定していないということです。

国境線の画定は、それをさかいに接する国家同士の相互承認によってなされます。どちらか一方がその承認を拒めば国境線は画定されません。

ここでいう「相互承認」とは「このラインの向こう側では別の権力機構が統治しており、そこには私たちの権力は及ばない」ということを互いに認め合うということです。

相手の権力はどこまで及びうるものなのか、さらに言えば、相手の国力はどれくらいのものなのか、を互いに承認することが国境線の画定には含まれているのです。

したがって、領土問題が存在するということは——少なくともその場所については——互いの権力をめぐる相互承認が確立されておらず、それだけ両国間の力関係（についての認識）が流動的であるということです。

言い換えるなら、領土問題においては当事国のあいだの力関係（についての認識）の変化が如実にあらわれるのです。

それをふまえると、２０１２年の韓国大統領による竹島上陸は、日本と韓国の力関係、すなわちパワーバランスが変化しつつあるということを韓国自身が示そうとして実行してきたものだ、と理解することができます。そしてそのもとには、「日本の力は以前ほどではない」という認識を韓国側がもちはじめているという事態がある。

２０１２年の竹島上陸は、日韓のあいだの力関係の変化を日本に見せつけるために李明博政権がおこなった象徴的行為であり、パフォーマンスだったのです。

まさに韓国は対日外交の文法を変えようとしたわけですね。

それを大統領の個人的な保身の問題、あるいは国内世論への配慮といった問題のみに限定してしまうなら、韓国との外交上の駆け引きにおいて日本は後手にまわってしまいかねません。

ついでに言えば、なぜ李明博大統領は竹島上陸にかんして慰安婦問題をもちだしてきたのかという理由も、李明博政権が日韓の力関係を変更しようとしていたという点からみれば、よく理解できます。

慰安婦問題は欧米諸国からの評判がひじょうに悪い問題です。つまり、この問題にかんするかぎり、日本は国際社会においてどうしても分が悪い。

逆に言えば、国際社会において韓国がみずからの正当性を主張し、日本の立場を悪くさせ、日韓の力関係の変更を試みるには、慰安婦問題はとても都合のいい武器なのです。

日本との力関係を変更することにこだわる韓国

韓国が日本との力関係を変更することにいかに関心をもっていたかということは、核をめぐる韓国の当時の動向からも見てとることができます。

まず、２０１２年6月に日本が原子力基本法を改正したとき、韓国ではただちに大きな懸念が表明されました。改正された原子力基本法に「我が国の安全保障に資する」という文言が入ったからです。

韓国最大の発行部数を誇る朝鮮日報は、一面に「日本、ついに核武装への道を開く」との見出しで記事を掲げました。

また、朝鮮日報と並んで韓国でもっとも長い歴史をもつ東亜日報も、一面で日本の核武装を懸念する論調の記事を掲載しました。

これについては、日本が原子力基本法と同時に「宇宙航空研究開発機構（JAXA）法」も改正し、JAXAの仕事を「平和目的」に限るという条件を緩めたことも、韓国側の懸念を増大させました。ロケット技術はその技術だけをみれば核弾頭を積むミサイル技術に転用できるからです。

もちろん日本の原子力基本法における「安全保障」という言葉は、核物質がテロリストなどに渡ることを防ぐという趣旨でもちいられたもので、日本の核武装の意図をあらわしたものではまったくありません。

しかし韓国の世論はそこに敏感に反応しました。それだけ日韓の力関係に影響をあたえる物事に敏感だということです。

その一方で韓国は同時期に、2014年に期限が切れるアメリカとの原子力協定の改定にむけて、日本のように使用済み核燃料の再処理やウラン濃縮を自国でできるようにしたい、とアメリカと必死で交渉していました。

核燃料を自前で生産できるようになることで、原発の増設や輸出拡大をめざすとともに、アメリカに縛られない「核の主権」を確保しようとしていたのです。

もちろんこれは、韓国が核兵器を自前で製造できる潜在的な能力を獲得することにもつながります。そうなれば日韓の力関係にも大きな影響がおよぶことは避けられません（結局、原子力協定をめぐる韓国の主張は認められませんでしたが）。

近年の韓国では核保有論も活発化しています。たとえば、当時、ポスト李明博をきめる大統領選挙への立候補を表明していた、与党セヌリ党の元代表・鄭夢準も、韓国は核保有能力をもつべきだと主張していました。

日本に対しては警戒心をあらわにし、原子力基本法の改正に対しても悪意ある深読みをする一方で、みずからは「核の主権」の確保をめざしたり、核保有を主張したりする。それだけ韓国は日本との力関係をみずからに有利に変更することに強い関心をもっているのです。

パワーバランスの変化にさらされる東アジア

アメリカの力が相対的に低下しつつある現在、東アジアではその力の空白を誰が、どのように埋めるのか、という問題が生まれています。

中国が太平洋への海洋進出に力を注いでいるのはそのためです。

北朝鮮による核開発もそうした文脈のもとに位置づけることができます。北朝鮮が核やミサイルの能力を高めれば高めるほど、東アジアにおける各国間のパワーバランスは変化していきますから。

韓国も例外ではありません。とりわけ韓国は日本への対抗心から、日本との力関係を自国に有利に変更することに強いこだわりをもっています。

東アジアのパワーバランスは今後大きく変化していく可能性があるのです。

そのとき日本もアメリカとともに地位を低下させてしまうのかどうか。

忘れてはならないのは、パワーバランスの急激な変化はその地域の秩序を不安定化させるということです。つまり東アジアのパワーバランスが今後大きく変化することによって、この地域の秩序は大きく揺らぐかもしれません。

そのときに、秩序の不安定化が日本の安全保障にダメージを与えることがないようにするには、日本はどうすべきなのか。

日本では力関係のリアリズムにもとづいて国際社会をみることがあまり好まれません。

しかし東アジアで現在起こっている事態は、そうしたリアリズムにもとづいて国際社会をみる視点を私たちに要請しています。

ハンス・J・モーゲンソー『国際政治――権力と平和』（1948年）は、国際社会において平和を維持するためにはいかに力関係のリアリズムにたつ必要があるのかを論じた、国際政治学の古典です。

私たちは今一度その古典の精神に立ち返って、東アジアで生じている事態をとらえなおす必要があるでしょう。

『国際政治――権力と平和』
ハンス・J・モーゲンソー
／福村出版

85 第6講 東アジアのパワーバランスの変化から日韓関係をとらえる必要性

7　中国における反日ナショナリズムの逆説について

高度経済成長期の日本をたどる中国

２０１２年９月、日本政府が尖閣諸島を国有化したことに反発して、中国各地で激しい反日デモが起こりました。

その激しさをみて多くの日本人が憤りを感じました。私のまわりにも、日本企業の店舗や工場が壊される様子をみて、怒りや不安を感じた人が多くいました。

と同時に、この反日デモは中国における反日ナショナリズムの「逆説」とでもいうべきものを私たちに示しました。

どういうことでしょうか。

２０１０年前後の中国はしばしば１９６０年代の日本にたとえられます。つまり高度経済成長期の日本ですね。

事実、このころの中国の経済成長にはすさまじいものがありました。日本のGDP（国内総生産）は1968年に西ドイツを抜いて世界第2位になりました。中国のGDPが日本を抜いて世界第2位になったのは2010年です。

まさに日本が60年代に経済大国へと国際的に躍進したのと同じ過程を、このころの中国は歩んでいたんですね。

2008年の北京オリンピックと2010年の上海万博はまさにそれを象徴するイベントでした。

日本で東京オリンピックが開かれたのは1964年、大阪万博が開かれたのは70年です。北京オリンピックから上海万博にいたる過程は当時の日本の歩みとぴったり符合しています。

とりわけオリンピックの自国開催は、非欧米諸国にとっては「一人前の国として国際的に認められる」というひじょうに重要な意味をもっています（だからこそ1988年に韓国でソウルオリンピックが開催されたとき、北朝鮮政府はその直前に大韓航空機の爆破事件を起こしてオリンピック開催を妨害しようとしたのです）。

敗戦国の日本にとって、東京オリンピックの開催は日本が戦後世界における先進国の一員として認められたことを意味しました。

同じように、北京オリンピックの開催は中国にとって、現代世界の主要メンバーとして先進国から迎え入れられるほど経済成長を達成した、ということを意味していたのです。

日本にはあって中国にはないもの

とはいえ、その一方で1960年代の日本と2010年前後の中国ではまったく似ていない点もあります。もう少し言うと、同じ高度経済成長を歩んでいたにもかかわらず、日本にはあって、中国にはないものがあるのです。

それは何でしょうか。

それは、学生運動などの、若者による反体制運動です。

日本で60年代といえばまさに学生反乱の時代でした。60年の安保闘争や68年以降の全共闘運動はその象徴です。

もちろん60年代の若者反乱は日本にかぎった話ではありません。ヨーロッパでもアメリカでも、古い権威に反発し、新しい政治的可能性を求める若者の運動は大きな広がりをみせました。

社会が物質的に豊かになり、ライフスタイルのうえでも都市化が進むにつれ、若者が新しい社会のあり方を希求して古い権威的な体制に反発するのは、当然といえば当然です。いわば高度経済成長と若者の反乱は切り離せない相関物なんですね。

しかし、2010年前後の中国にはそれがありませんでした。

1989年の天安門事件で民主化を求める民衆運動が徹底的に弾圧されて以降、中国では高度経済成長期にあるはずの若者の反体制運動があらかじめ抑えこまれてきました。

もちろん若者たちに体制への不満がなかったわけではありません。まったく逆です。

中国共産党幹部、とりわけ地方政府の幹部の腐敗、国有企業がほしいままにする既得権益、地方政府による暴力的な土地収奪、権力者とマフィアとの癒着、国内の経済格差、工場での長時間労働と低賃金などなど、現体制に対する不満は若者だけでなく社会全体に広がっていました。

しかし、その不満は圧倒的な権力のまえで抑えこまれ鬱積している。これが現実でした。

反日デモに込められた体制批判

そうした不満を爆発させることのできる数少ない方法が、反日デモにほかなりません。

もちろん反日デモは現体制への不満だけで生じるものではなく、やはりそこには反日感情が必要なのですが、中国では「愛国無罪」といって、自国のために他国を攻撃するナショナリズムの運動は、当局にとって弾圧する正当性がなかなかたたないものです。

それが反日ナショナリズムであればなおさらです。中国共産党はずっと反日ナショナリズムをみずからの支配の正当性にしてきたわけですから。

つまり、中国でも「反日」を掲げれば堂々とデモをすることができ、日ごろの不満を発露させられるんですね。

反日デモではしばしばモノが投げられたり、店舗が破壊されたり、日本車がひっくり返されたりしました。その姿は、1960年代の先進国の若者たちが機動隊に投石をしたり、街や大学を占拠したりした姿とそのままオーバーラップします。

反日デモが盛り上がりすぎることを中国政府が恐れる理由がここにあります。

反日デモの足元では現体制への不満がふつふつと沸きあがっている以上、いつそれが体制批判に転化するかわからないからです。

事実、反日ナショナリズムはいとも簡単に「日本に対して弱腰な中国政府を糾弾する」というかたちで自国政府批判へと転化します。

もともと中国共産党は反帝国主義の排外ナショナリズムを利用しながら中国での政権を奪取しました。

だから、中国政府は反日ナショナリズムをあからさまに弾圧できないし（それを弾圧すれば中国政府はみずからの権力の正当性そのものを否定することになってしまう）、また他方では、その反日ナショナリズムが勢いづけば体制を転覆させるだけのポテンシャルをもちうるものであることもよくわかっているのです。

ナショナリズムの難しさにみずから直面する中国政府

ただ、2012年9月の反日デモでは、中国政府はデモの暴走に対して以前よりも寛容な態度をみせました。

また、中国政府の対日姿勢も以前より厳しいものでした。

これにはいくつか理由があります。

まず、日本政府による尖閣諸島の国有化が、中国が「核心的利益」と主張する領土問題の現状を多少なりとも変更するものであること。

また、その国有化が中国政府のメンツをつぶすものであったこと（中国政府は再三日本政府に国有化はやめてほしいと申し入れていた）。

さらに、国有化がちょうど中国政府の最高指導部が交代する直前になされたため、反日ナショナリズムが権力闘争や権力安定化のために利用されやすかったこと。

そして、世界第2位の経済大国となった自信が強気の外交姿勢になったこと、などです。

しかし、これらの理由にもまして、中国国内で現体制への不満がさらに強くなっていたことが、中国政府の態度の変化の背景にあります。

たとえば、反日デモが生じる少しまえの2012年7月には江蘇省南通市で、日本企業の王子製紙の工場から海へ排水パイプラインを建設する計画に反対するデモが起きて、デモ隊が地元政府庁舎に乱入し、党書記をつるし上げて衣服をはぎ取るという事件がありました。

これに衝撃を受けた南通市政府はデモの当日、ただちにパイプラインの建設計画を永久に取り消すことを宣言しました。

ここにはまさに同年9月の反日デモの縮図があります。反日行動とみえるものがじつは反体制運動の入り口となっており、中国の政府当局がどれほどその負のエネルギーを恐れていたのかを、それははっきりと示しています。

問題は、こうした民衆の不満を放置しておけば最終的にはいまの中国の政治体制そのものがもたなくなってしまうかもしれない、ということです。

すでに2012年3月の全国人民代表大会後の記者会見で温家宝首相（当時）は「政治体制改革が成功しなければ……これまでの成果も失われ、文革（＝文化大革命）の悲劇が繰り返される恐れがある」と危機感をあらわにしていました。

「文革の悲劇」とは、まさに排外的なナショナリズムが現体制に対する暴力的な破壊へと結実し、結果的に国家そのものを危機に陥れてしまう、ということを意味しています。

そうならないためには、富をできるだけ公正に人びとに分配したり、政治的決定プロセスに国民が（たとえば選挙などをつうじて）参加できるしくみを保証したり、といった国民的平等政策によって、排外的なナショナリズムを別のかたちのナショナリズムにつくりかえていくことが不可欠です。

中国で反日ナショナリズムをガス抜きにつかえる時代はすでに終わりつつあります。

また、国民の不満を吸収してきた経済成長も永遠につづくものではありません。

そのとき、一部の人間に独占されてきた富や権力を民衆に開放することによってどこまでナショナリズムを成熟化させることができるか。

とはいえ、中国では共産党の独裁体制によって確立した既得権益のしくみはきわめて硬直化しており、容易な改革を寄せつけません。そのしくみをまえに、中国政府はひじょうに困難な課題に直面しています。

その困難さは、反日ナショナリズムを体制強化に活用してきた中国政府そのものが招いた困難さにほかなりません。

こうした「逆説」こそ、ナショナリズムの本質として考えなくてはならないものです。

8　中国発の金融危機ははたして起こるのか？

中国経済のリスクはどこにあるのか？

中国で2012年9月に反日デモが起こったとき、日本では対中投資のリスクの高さが大きな話題になりました。

事実、せっかく日本企業が中国に投資をしても、反日デモで工場や店舗が破壊されてしまったり、日本製品の不買運動がなされたりしたら、損をするばかりです。

反日デモをきっかけに「チャイナ・プラスワン」という言葉もマスメディアでさかんに取り上げられました。

この言葉はもともと、中国での賃金上昇やストライキの頻発を背景に、日本企業が海外の生産拠点を中国だけに集中させることは危険なので、中国以外の新興国にも生産拠点を分散させるべきだ、という意味で、2012年の反日デモが起こるまえから経済界でつかわれていた言葉です。

そうしたリスクへの認識を2012年の反日デモは一般の人にも広めたのでした。

他方で、日本経済にとって真の中国リスクはそうしたところにあるのではない、という指摘もあります。本当に怖いのは中国発の金融危機だ、と。

中国経済は2018年現在、かつてほどの成長をみせていません。今後、さらに経済成長が鈍化していけば、中国経済は成長をなんとか維持するためにバブル経済へと突き進んでいく可能性が高いのではないか――。そうした指摘です。

たしかにバブル経済になれば、それはいつかは弾けます。そして、バブルが弾ければ金融危機が必然的にやってきます。

これまで世界経済の成長を牽引し、いまでは世界第2位の経済大国になった中国で金融危機が起これば、その影響は計り知れないでしょう。2008年に起きたアメリカ発の金融危機が日本経済にも深刻な影響をあたえたように、この場合も日本は無傷ではいられないでしょう。

はたして中国発の金融危機が起こる可能性はどれほどあるのでしょうか。

過剰な投資によってバブル経済の兆候をみせる中国経済

中国経済はバブルへと突き進んでいくのではないか、と思わせる兆候はいくつもあります。リーマン・ショックにはじまった2008年の世界金融危機は中国経済の景気をも後退させました。中国政府はそれをはね返すために、また金融危機によって落ち込んだ世界経済を救済するために、2008年末に総額4兆元（当時のレートで約57兆円）というものすごい規模の公共事業をおこなうことを決定しました。

これによって中国経済はたしかに景気を回復することができました。いわば4兆元もの買い物を中国政府がしてくれたわけですから。

しかし同時に中国経済は、政府による公共投資に依存することで成長する、という体質をさらに強めてしまいました。

もともと中国経済は経済成長における投資の寄与度が高いという性格をもっていました。それがこのリーマン・ショック後の公共投資によって一層強まったのです。

こうした投資への依存体質は当然ながらバブルを誘発します。投資への依存体質は国民の購買力よりも供給力を過剰にしてしまいますから。

たとえば、いまの中国には、建設されたはいいが誰も住んでいないマンション群や、店舗がまったく入っていないショッピングモールがいたるところにあります。投資が先行し、実際の需要をこえてマンションやショッピングモールが建設されてしまったからですね。

２０１０年を過ぎると、開発が遅れていた内陸都市でもビルの建設ラッシュが広がりました。たとえば中国で一人当たりの所得がもっとも低い貴州省の省都である貴陽市でも、誰もいないところにビルがつぎつぎと建てられるという異様な光景が繰り広げられました。

民間資金もこうした動きに連動して不動産投資に流れ込み、不動産価格を経済の実態とかけ離れた水準に押し上げてしまいました。

まさにバブルの様相です。

このように過熱化する投資状況のもと、２０１１年には浙江省の温州で信用危機が発生しました。

当時、不動産価格があまりに高騰しているということで中国政府がそれを鎮静化しようとしたところ、不動産価格が下落して、それを担保に資金を借りていた企業の担保割れが生じてしまったことが背景でした。

バブル経済だけでなく、バブル崩壊による金融危機すら、すでに予兆があるということです。

中国の独裁的な支配体制がバブルを誘発する？

こうしたバブル経済への流れを今後、中国政府ははたして止めることができるでしょうか。この問いに対しては、中国の独裁政府なら強権的に止めることができる、という意見もあれば、やはり止めるのは難しいのではないか、という意見もあります。

どちらの意見が正しいのかは現時点ではわかりません。

ただ、将来のリスクにかんしてはできるだけ多くの可能性を考えておくべきという観点から言えば、中国政府がバブル経済への流れを止められず、中国発の金融危機が起こってしまうという可能性も考えておいたほうがいいでしょう。

事実、現在の中国政府は、改革開放路線によって資本主義化の道を歩みだして以降、経済成長をみずからの権力の正当性の根拠にしてきました。

経済成長が達成されて国民の生活が豊かになっているからこそ、中国共産党による独裁体制は正しいのだ、というロジックですね。

そうした独裁体制のもとでもし経済成長が鈍ってしまえば、2012年の反日デモがじつは「愛国無罪」に名を借りた反政府運動であったように、独裁体制への不満が一気に噴きだしてしまうでしょう。

したがって、中国政府はたとえバブル経済への動きが強まっても、体制維持のためにそれを止めることが政治的にできないということもありえます。

中国経済はいま、かつてほどの高い成長率を実現していません。かつて調子のいいときは10%を優にこえていた中国の経済成長率も、いまや7%ほどになっています。

もちろん他の先進国の経済成長率と比べれば、これでもまだまだ高いのですが、それでも中国経済はこれまでの先進国と同じように、高成長から中成長、そして低成長へといたる過程にあると考えられます。

今後、中国経済がさらに「成熟」し、低成長へといたるなかで、中国国内では公共投資などによる景気刺激策を求める声が強くなっていかないともかぎりません。

中国政府としても、経済成長を維持することが体制維持のために不可欠であるかぎり、経済成長率が低下すればするほど公共投資などによる景気刺激策をとらざるをえないということになるかもしれません。

つまり、共産党による一党独裁体制だからこそ、経済成長を続けるためにバブル経済を誘発してしまう、という可能性が確かにあるということです。

また、地方政府の役人としても、地元の経済状況をよくしておくことは、自分たちの人事査定を有利にすることにつながります。それはそれで、地方政府による公共投資を増加させる圧力になるでしょう。

要するに、中国では政府が独裁的だから金融危機を防ぐことができるとも言えますが、同時に、政府が独裁的だからこそバブルを誘発しやすいとも言えるのです。

資本主義にとってバブル経済とは何か

経済が高成長から低成長に移行するということは、それだけ投資に対する利益率が低下するということです。

その点で言えば、民間の資金も低成長経済になれば、より利益率の高い投機的な投資活動にむから余地が大きくなります。

イタリアの歴史社会学者、ジョヴァンニ・アリギは『長い20世紀』（1994年）のなかで、現代の資本主義社会にとってバブル経済がいかに避けがたいものであるのかを論じました。

なぜ避けがたいのかといえば、高度経済成長が終わって低成長の経済になると、投資の利益率も低下しますので、それをおぎなうために金融的な投機が拡大するからです。

典型的なのが不動産投資です。

低成長になってマンションやオフィスビルなどの需要が低下すれば、当然マンションやオフィスビルは売れなくなります。それをおぎなおうとすれば、「かならず値上がりするから」といって買い手を開拓するしかありません。

このとき、もし買い手の開拓がうまくいって、多くの人が「値上がりするだろう」という見通しのもとマンションやオフィスビルを購入してくれれば、その結果、実際にそれらの需要が高まり、マンションやオフィスビルが値上がりします。

そうして値上がりがつづけば、今度は銀行などの金融機関が融資へのハードルをさげて、より多くの人にマンションやオフィスビルの購入のためにお金を貸してくれるようになるでしょう。その場合、金融機関は、買い手が購入する不動産価格の上昇に見合った金利を受け取ることができるからです。

そうなると、さらに多くの人が将来の値上がりを見込んでマンションやオフィスビルの購入にむかい、結果としてさらに価格も上昇します。

こうして、実際の需要とは別にマンションやオフィスビルが売買され、価格も上昇するようになり、バブル経済が生みだされていくのです。

資本主義経済は、より多くの利益を得るために資本を投下（つまり投資）する、という運動によってなりたっています。

そうである以上、経済成長率が低下していくと、より高い利益率を求めて金融的な投機が拡大してしまうのは、資本主義経済にとって不可避的な傾向です。アリギが『長い20世紀』のなかで示したのは、そうした傾向によって動かされてきた資本主義の歴史でした。

中国も決してその歴史の例外ではないでしょう。

中国はアメリカに代わって世界の覇権をにぎることができるか？

さらに中国社会には今後、低成長経済にむかう別の圧力もかかります。少子高齢化です。

すでに中国では生産年齢人口（15～59歳の人口）がピークを過ぎて、減少しつづけています（生産年齢人口のピークは2011年）。

一般に生産年齢人口というと15～64歳の人口をさしますが、中国では60歳が定年年齢なので、労働人口の変化をみるときには15～59歳の人口に注目します。

生産年齢人口とはその名のとおり経済活動の中心にくる年齢人口のことです。当然、消費活動も旺盛です。

その生産年齢人口が減少するということは、中国経済に縮小圧力がかかるということです。生産年齢人口の減少によって中国経済の量的な拡大は期待しにくくなるということです。

たとえば、結婚して出産して子育てをする世代の人口が増えなければ、新規の住宅販売戸数も増えないでしょうし、新居に必要な家電の販売も増加しないでしょう。

実際、高齢者になるとあまり車を買い替えたりしなくなりますよね。ましてやマイホームを建てるという人はほとんどいなくなります。

そうした人口動態の変化によって需要の拡大が停滞してしまう状況をまえに、それでも経済成長を実現しようとすれば、実需をこえて投資をするというバブル経済の可能性がどうしても高くなってしまうのです。

日本はすでにバブル経済を経験し、さらに生産年齢人口の減少による経済の縮小圧力にも苦しんでいますが、中国は今後、より深刻な縮小圧力に直面することになるのです。

アリギは『北京のアダム・スミス』（2007年）のなかで、中国の経済発展によって、西洋が覇権を握ってきた20世紀までの世界システムは大きく変容するだろうと分析しました。

たしかに中国はいまやアメリカに匹敵する大国として独自の勢力圏の確立を進めています。たとえば「一帯一路」の構想です。中国の大国化によってこれまでの西洋中心の覇権のあり方が変更を迫られることはまちがいありません。

とはいえ、それによって中国がアメリカに代わって世界の覇権を握るようになるかといえば、それはそれでかなり想定しづらいことです。

というのも、中国は世界の覇権をにぎるまえに、急速な少子高齢化によって社会の縮小圧力に苦しむことになるからです。

その縮小圧力はバブル経済を引き起こす圧力にもなるでしょう。

もし中国が大国としての覇権をめざし、経済の縮小圧力のまえでさらなる成長を無理にでも達成しようとすれば、中国発の金融危機のリスクは高くなっていくでしょう。

中国が大国としての覇権を追求することは、それ自体で日本と世界にとってリスクです。力による現状変更をそれはともなうわけですから。

ただしその覇権の追求は、そこにとどまらず、世界を巻き込むような金融危機を引き起こすかもしれないという点でも大きなリスクなのです。

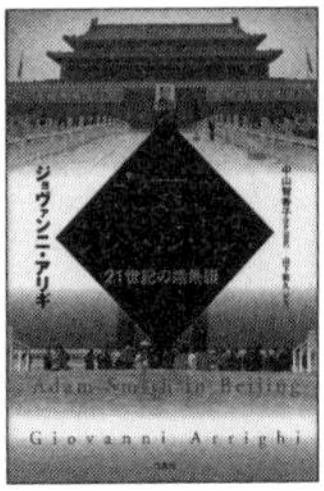

『北京のアダム・スミス』
ジョヴァンニ・アリギ／作品社

9　「カネ余り」の時代

日本人の予想以上に経済が成長しているフィリピン

2012年末、私は仕事でフィリピンにいく機会をもちました。

初めてのフィリピンで、私はとても驚きました。想像以上に経済が成長していたからです。マニラには巨大な高層ビル群があり、あちこちに建設中のビルがありました。

走っている自動車も新車ばかりです。トヨタや三菱自動車のＳＵＶが多かったでしょうか。先進国から輸入した型落ちのオンボロな中古車が走っているという、かつての途上国の面影はそこにはありませんでした。

私が留学していたパリのほうが、古くてオンボロな車は多いぐらいです。フランスでは一台の車を古くなるまで乗りつづける人がたくさんいますから。

マニラやダバオの巨大ショッピングモールにいったときは、先進国にも劣らないきらびやかな店内で、多数の地元客がショッピングにつめかけている様子に圧倒されました。フィリピンでも着実に中間層が形成されているのです。

もちろんフィリピンには極貧生活を送る人がまだまだたくさんいます。スラムは町のいたるところにありますし、有名なゴミ山でリサイクルできそうなものを拾って生活する人もいなくなったわけではありません。

また、経済成長といってもそれはマニラなど一部の都市部だけの話で、それ以外の地域は経済成長の果実をそれほど享受してはいません。

依然として、貧困や格差は極端なかたちでフィリピン社会を覆っているのです。

とはいえ、フィリピンの経済成長そのものがそれによって否定されるわけではありません。ちょうど私の滞在中に、フィリピンの2012年第3四半期のGDP（国内総生産）成長率が7・1%だったことが発表されました。これは同期の成長率でいうと東南アジアで最高であり、また中国の同期の成長率7・4%に迫るものでした。

中国から東南アジアにかけての市場の動向を調査している知人のアナリストは、フィリピンの経済的な潜在力に日本人があまり注目していないことを嘆いていました。私も現地でフィリピンの経済成長の勢いを肌で感じて、彼の意見に納得したのでした。

モノやサービスを消費するよりもお金への執着が勝る社会

私がなぜフィリピンの経済成長の話をするのかというと、それはフィリピン経済のいまが日本経済のいまとひじょうに対照的だからです。

フィリピンでは冷蔵庫や洗濯機、テレビ、自動車、パソコンなど、日本にいる私たちにとって必需品であるものがまだまだ普及していません。2012年に私が取材で訪れたマニラのスラムの家庭には、これらの必需品は一つもありませんでした。

ですので、ひとたびフィリピンで雇用が拡大し、賃金が上昇すれば、ただちにそのお金はそういった消費財の購入に向けられます。

実際、間近でみて痛感したのですが、フィリピン人たちの「ものが欲しい！」という消費への衝動にはすさまじいものがありました。

これに対し、日本ではそういった消費への意欲はかなり低下しています。

もちろん日本にいる私たちだって「あれが欲しい」とか「もっとぜいたくがしたい」というような消費欲はもっています。

でも、そうした消費欲を満たすよりも、「お金がもったいない」とか「できるだけ節約しよう」という気持ちのほうが強く働いてしまいがちです。

モノやサービスを購入するよりも、お金を保持することのほうを選好してしまうわけですね。たしかに、冷蔵庫やテレビといった必需品（と判断したもの）は私たちも購入します。しかし、それがすでに備わった環境では、なかなか財布のひもをゆるめようとはしないのです。

これではモノがなかなか売れず、経済が拡大していかないのも当然なのかもしれません。お金を使わずにとっておこうという気持ちのほうがモノを消費しようという気持ちに勝ってしまう社会は、しばしば「成熟社会」と呼ばれます。フィリピンのような発展途上の「成長社会」に対して、経済が成熟化した社会のことです。

この「成熟」という言葉、聞こえはいいかもしれませんが、その実態はあまりいいものではありません。

なぜなら成熟社会ではモノがなかなか売れず、経済の長期的な停滞が発生しやすいからです。さらに、成熟社会では生産力が十分に発達していますから（つまり少ない労働者でたくさんのモノを生産できますから）、企業はモノが売れなければ製品の価格を下げるために労働者の賃金を下げたり、非正規化したり、場合によっては解雇したりするかもしれません。

事実、成熟社会ではつねに「雇用規制を緩和しろ（つまり解雇しやすくしろ）」「最低賃金制を廃止しろ」という声がでてきます。

その結果、社会には雇用不安が広がり、人びとはいつ解雇されてもいいようにさらにお金にしがみつくようになります。そうなると、ますますモノが売れなくなり、企業は賃金を下げざるをえない……。そんなデフレの悪循環が生まれてしまいやすいのです。

まさに2012年当時の日本ですね。

政府がお金を国民に配ることはよい解決策か?

では、こうした悪循環から脱けだすにはどうしたらいいでしょうか。

一番いいのは、みんながお金への執着をこえて「買いたい」と思うような製品やサービスをつぎつぎと産みだすことです。

しかし、それは成熟社会ではひじょうに困難です。

それができていれば、そもそも不況にはなっていないわけですから。

評論家たちはしばしば「日本にはイノベーションが必要だ」「日本企業もアップル社のようにみんなが欲しがるような製品をつくれ」とエラそうにいいます。が、そんなにいうなら自分でやってみろ、ということです。

となると、何らかのかたちで人びとが消費にむかう状況を人為的につくりだすしかありません。政府による政策が必要となるのはこのためです。

まず考えられるのは、政府が人びとに直接お金を配るという方法です。

お金が手に入れば、人びとは財布のひもをゆるめてくれるかもしれません。年金などの社会保障を手厚くすることも一つの方法ですし、金融緩和によって中央銀行が社会にお金を供給することも一つの方法です。

しかし、お金を人びとに直接配るだけでは、なかなか消費は拡大してくれません。貯金に回ってしまうからです。

１９９０年代初頭と２０１２年を比べてみましょう。そのあいだに日本政府の一般会計の歳出総額は約70兆円から約90兆円に激増しており、その増額分の多くが社会保障関係費です。しかし、それによって不況やデフレの状態はほとんど改善されませんでした。

経済学者の小野善康は著書『成熟社会の経済学』（２０１２年）のなかで、90年代初頭から12年まで日本における貨幣供給量（お金の量）は約40兆円から１００兆円超へと激増しているにもかかわらず、消費者物価指数も名目ＧＤＰもほとんど変化していないことを明示しています。

つまり、バブル崩壊後の「失われた20年」といわれた時期、政府がお金を配っても、日本銀行がお金の量を増やしても、ほとんど効果がなかったんですね。

逆にそれによって政府の借金が膨らんでしまいました。

お金を単に配ることは、政府の財政状況を悪化させてしまうわりには、それほど効果がないのです。

世界中でみられる「カネ余り」現象

ただし、これは日本だけの問題ではありません。「カネ余り」の現象はいまや世界全体でもみられるものです。

世界全体の通貨供給量（社会にでまわる現金に預金などを足したもの）を時系列でみてみると、２００９年以降、実体経済の規模を上回るペースでそれが拡大していることがわかります。

たとえば『日本経済新聞』（２０１７年11月14日）によると、世界銀行の統計をもとに算出した２０１６年の通貨供給量は87・9兆ドル（約１京円）で、世界のＧＤＰ（国内総生産）の総額よりも16％も多いそうです。

ＧＤＰとは生産活動によって産みだされたあらゆるモノやサービスを合計したものです。その総額よりも、お金の供給量のほうが大きく上回っているんですね。

これに対して２００８年の世界金融危機までは、約半世紀のあいだ、お金の増加は実体経済の成長とほとんど一致していました。しかしそれ以降は、お金の量が実体経済を大きく凌駕するようになり、年を追うごとにその差は開いています。

大きな要因はもちろん金融危機以降にアメリカやヨーロッパ諸国などの中央銀行がおこなった金融緩和策です。2006年と比べると、日本、アメリカ、ユーロ圏の各中央銀行が供給したお金の量は、10年で4倍に達しました。

にもかかわらず、日本でもアメリカでも欧州でも、物価はなかなか上昇してきませんでした。最終消費者である諸個人がお金をつかわないだけでなく、企業も設備投資を以前ほどは活発におこなわなくなっているため、「カネ余り」でも景気が刺激されにくくなり、経済が活性化しづらくなっているのです。

現金給付から現物給付へ

そうなると、政府の政策として必要となってくるのは、政府がみずから事業をつくり、需要を拡大するということです。要するに、民間部門（家計、企業）がお金をつかってくれない以上、政府部門がお金をつかうしかない、ということですね。

一言でいえば、政府による公共事業の増加です。

政府による公共事業はいまではすっかり評判が悪くなってしまいました。しかし、保育所や介護施設を運営するのも立派な事業です。学校施設や高架道路の耐震化だって必要でしょう。政府による公共事業を土木・建築の分野にだけ限定して考える必要はありません。

民間企業では採算が合わなくても、国民の福利に資するような事業を政府がおこなうことは決してムダではありません。国土整備から公教育、子育て支援まで、そういった事業はたくさんあります。

また、そうした事業によって雇用が生まれれば、失業者が減るので雇用不安は軽減し、民間の賃金も上がりはじめるでしょう（逆に、労働者が余れば賃金は下がる）。一時的に政府からお金をもらうよりも、賃金が上昇していくという見通しがたつほうが、人びとが財布のひもをゆるめるきっかけになるでしょう。

いまの日本に必要なのは、政府によるお金の給付（現金給付）をできるだけ事業をつうじた給付（現物給付）に変えていき、社会全体の需要を拡大していくことです。

ベーシック・インカム推進論も含めて、お金さえ配ればいい、という発想はいまの日本ではひじょうによいですが、それもまた成熟社会になってお金への執着がモノの消費に勝ってしまったことの反映だといえるでしょう。

『成熟社会の経済学』
小野善康／岩波新書

10　民主主義の限界とは何か？

死票が多い小選挙区制は「民主主義の限界」なのか？

国民が自分たちの代表者をえらぶ選挙は民主主義の基本だと考えられています。
と同時に、その選挙に対してはしばしば「民主主義の限界」ということも言われます。
たとえば、自民党が民主党から政権を奪還した2012年末の総選挙ではさかんに「民主主義の限界」が論じられました。

というのも、このとき自民党は小選挙区（全部で300議席）での有効投票総数のうち43％の票を得たのに対し、議席数のほうはその79％にあたる237議席を獲得したからです。

つまり、現行の小選挙区制では、各選挙区で一人しか当選しないので死票が多くなり、選挙結果に民意がちゃんと反映されないのではないか、という問題です。その「死票が多く、投票数がそのまま議席数に反映されない」という点が「民主主義の限界」だと言われるのです。

とはいえ、こうした議論はフェアとは言えないでしょう。

なぜなら、得票数がデフォルメされたかたちで議席数にあらわれることは、現行の小選挙区制を採用した時点で予想できていたことだからです。それを結果がでてから騒ぐのは公正な態度ではありません。

さらに根本的なことを言えば、国民の代表者を選ぶということは、多かれ少なかれ民意を「集約」するかたちで代表者を選ぶことを不可避的にともないます。

たしかに、全国区の比例代表制にすれば、得票数を正確に「反映」した議席配分が可能になるかもしれません。

しかし、その場合、国民は「政党」に投票することしかできなくなり、「人」で代表者を選べなくなってしまいます。「政党」ではなく「人」で代表者を選ぶとすれば、小選挙区制なり中選挙区制なりを採用せざるをえず、不可避的に民意を「集約」したかたちで代表者を選ぶことになるほかありません（つまり死票は避けられません）。

したがって、選挙で得票数がそのまま議席数に反映されないからといって、それを「民主主義の限界」と考えることはできません。

選挙制度の問題はもちろん民主主義にとって重要な問題です。が、それは民主主義そのものの限界とはまた別の問題なのです。

民主主義は利益分配の政治によってこそうまくいく

もし選挙をめぐって「民主主義の限界」ということを問題にしたいのであれば、それは選挙制度とは別のところで考えられなくてはなりません。

その「別のところ」とは、不利益分配の難しさです。

つまり、民主主義のもとで不利益分配をおこなうことはどこまで可能なのか、という問題です。

不利益、ではなく、利益、を分配するのであれば、それは決して難しいことではありません。

事実、選挙になると候補者たちは有権者に利益をもたらすような〝甘い〟政策ばかりを唱えますよね。

2009年の総選挙で民主党が政権交代を果たしたとき、民主党は政府にたくさんの「埋蔵金」があることを主張していましたが、これなどはその〝甘い〟政策の典型例です。というのも、そこで唱えられていたのは、政府には「埋蔵金」があるので国民は税などの負担を増やすことなく、より充実した福祉を受け取ることができる、ということですから。

しかしその「埋蔵金」は、民主党が政権を獲得して、いくら「事業仕分け」を熱心におこなっても、ほとんどでてきませんでした。国民の期待が大きかったぶん、それは大きな失望を国民にもたらしたのです。

そうした甘言への失望が、民主党政権が短命に終わった最大の原因の一つでした。

このことは裏返すなら、国民は選挙でどうしても自分たちに利益分配をしてくれる候補者や政党をえらびがちだ、ということです。

それだけ選挙には、自分たちに利益を分配してくれる政治家を人気投票する、という側面が避けがたくあるんですね。

もちろんこの利益分配は、経済が成長しつづけ、それにともない税収も増えつづける時代状況であれば、うまくいきます。

高度経済成長期からバブル経済までの、かつての自民党政治がそうでした。

そこでは、各地域の住民は自分たちのところに公共事業をもってきて雇用をつくってくれたり、自分たちの業界に補助金をつけてくれたりすることができる政治家にこぞって投票しました。政治家の実力も、そうした住民たちの要望に応えることがどこまでできるか、ということで計られました。

ただし誤解がないように述べるなら、利益分配の政治という点では、2009年に政権交代を果たした民主党も決して例外ではありません。

そのときの選挙戦で民主党は「コンクリートから人へ」というスローガンを掲げました。そのスローガンがなぜ多くの国民から支持されたのかといえば、財政支出の重心を「公共事業（コンクリート）」から「福祉（人）」に移すことで、高齢化社会の進展に対応した利益分配の回路を示したからです。

09年の政権交代はそうした利益分配の方向転換によって起こりました。人口の多い「団塊の世代」（1947〜1949年生まれの世代）がちょうどその時期に定年退職して高齢者福祉の受益者になる年齢だったということは、決して偶然ではありません。

公共事業にせよ福祉にせよ、どちらも国民に利益を分配する方法であることには変わりないのです。

民主主義を支える選挙は多かれ少なかれ利益分配のための人気投票にならざるをえません。そうである以上、民主主義そのものが利益分配の政治と極めて親和的だといえるのです。

「民主主義の限界」の被害者は将来世代である

ただしそれがうまくいくのは、利益分配するための財源が豊富にあるときだけです。

現代の日本政府の財政のように、政策予算をまかなうためですら税収だけでは足りない（つまり借金をしないと政府は政策予算を確保できない）という状況では、利益分配の政治はたちまち行き詰まってしまいます。

というのも、そうした状況では、増税をするか、借金をして将来の世代にその借金返済の負担を先送りするか、歳出を削るか（つまりこれまで国民が受けていた利益を削るか）、しなくてはならないからです。

つまり、財源が足りない場合、利益分配どころか、誰かに不利益を被ってもらう必要がでてくるんですね。

しかし実際には、増税や歳出削減といった、国民にとって負担増となる政策が選挙で積極的に掲げられることはありません。

それでは選挙に勝てないからです。

せいぜい「官僚が天下りで甘い汁を吸っているから公共事業を減らす」とか「議員定数を削減すべき」といったかたちで政府側の人間を悪者にすることで、候補者たちは歳出削減を提案することができるぐらいです。

実際には、増税も歳出削減もなかなか提案されないことがほとんどです。その結果、政府の借金はさらに増えて、そのときにまだ選挙権をもっていない将来世代に負担が先送りされることになるのです。

「民主主義の限界」がここにあります。

いくら財政状況が悪化しても国民に不利益をもたらすような政策が選挙で選択されることはほとんど不可能だ、という限界です。

このまま政府の債務が増えて財政状況がさらに悪化していけば、経済の基盤そのものが揺らぎ、国民への利益分配どころか、国民全体の生活が悪化することになるかもしれません。

たとえそこまでいかなくても、このまま利益分配の政治を続けていけば、膨大な借金の返済という過重な負担を将来世代に負わせることにならざるをえません。

まだ生まれていない将来世代は現在の選挙をつうじて利益分配を要求できません。その将来世代に現在の利益分配のツケを押し付けることは決してフェアとは言えないでしょう。

にもかかわらず、民主主義のもとでは利益分配の政治をやめることは困難です。これこそ「民主主義の限界」として考えられるべきことなのです。

民主主義の弱点を認識していたジョン・ロック

アメリカ独立宣言やフランス革命に影響をあたえたイギリスの哲学者、ジョン・ロックはこうした「民主主義の限界」をよく認識していました。

ロックは『統治二論』（1690年）という著作のなかで、立法権力（政治家）と行政権力（官僚）を分離することで三権分立の考えのもとをつくり、民主主義の思想的基礎を築いた哲学者として評価されています。

ロックの評価についてはたしかにその通りです。ただし、現代の私たちにとってより重要なのは、その権力分立の思想に込められたロックの問題意識のほうです。

彼は、立法権力を担う政治家たちはみずからを選んだ有権者の利益ばかりを主張する、という民主主義の弱点を強く認識していました。

つまり、立法権力を担う政治家たちだけに政治を任せておくと、政治が個別的な利益の奪い合いになってしまい、社会全体として何がもっとも望ましい政策なのかが議論されなくなってしまう、という弱点です。

高齢者は高齢者の利益ばかりを追求し、医者は医者の利益ばかりを追求し、農業者は農業者の利益ばかりを追求し、企業経営者は企業の利益ばかりを追求し……、その結果、政治がそれらの利益の奪い合いの場になってしまう、ということですね。

だからこそロックは、そうした部分利益しか主張しない立法権力から、全体最適を考える行政権力を分離し、社会全体でもっとも望ましい政策を考える役割を行政権力に担わせようとしたのです。

それはロックにとって、民主主義がいかに利己主義におちいらずにすむかを証明することで、民主主義の価値を擁護することでもありました。

ロックの権力分立の思想にはこうした問題意識が込められていたのです。

その問題意識にもとづくなら、「民主主義の限界」をこえるには、財政そのものの長期的な持続性や、将来世代をも含めた負担の平等性、といった全体最適を考えるための視点や仕掛けをできるだけ政治に導入していくしかありません。

しかし、いまの日本では、ロックが全体最適を考えてくれると期待した行政権力（官僚や公務員）自体が国民からの深い不信の目にさらされてしまっています。官僚や公務員への批判が、選挙で政治家が票を集めるための武器にすらなっているほどです。

たとえば政治家が財政規律を重視すべきだと主張すれば、たちまち「財務省のさしがね」だとメディアから言われてしまいます。

ここにあるのは民主主義そのものが内包する限界です。

これからの時代、民主主義の価値をナイーブに信奉するだけでは不十分です。ロックと同様に、どうしたら民主主義が部分利益を得るための権力闘争にならずにすむかを考えなくてはならないのです。

『完訳 統治二論』
ジョン・ロック／岩波文庫

11　命の平等主義を私たちはいつまで保持できるのか

超高齢社会のもとでは命の問題はゼロから問い直される

日本人の平均寿命は長らく世界最長だったことはよく知られています。

たとえばＷＨＯ（世界保健機関）がだした"World Health Statistics 2011"によると、当時の日本人の平均寿命は男性が80歳、女性が86歳となっており、２位のフランス（男性78歳、女性85歳）を引き離して世界最長でした。

ここのところ日本人の平均寿命は男女ともに香港に次いで2位になっています。が、それでも日本が世界でもっとも平均寿命の長い国の一つであることには違いありません。

これは国内的にも国際的にも評価されている日本社会のすばらしい点です。

実際、一般的にも「長生きすることはいいことだ」と思われていますし、また平均寿命の長さはその国の医療制度がどこまで整っているかということとも関係していますから、やはり平均寿命が長いというのはすばらしいことでしょう（ちなみにＷＨＯの"World Health Report 2000"では、医療の質の高さや医療サービスへのアクセスのよさ、医療費負担の公平性など、さまざまな基準からみて、日本の医療制度は世界最高だと評価されています）。

とはいえ、少子高齢化がこのまま進んでいき超高齢社会がさらに進展すると、日本人の平均寿命の長さはもろ手を挙げて評価されるものではなくなっていくかもしれません。

長生きする高齢者が社会の「お荷物」だと思われてしまう可能性すらあるでしょう。

そうなれば、「すべての人が長生きすることはいいことだ」という社会の基本的な価値観も崩れていくでしょうし、個々人にとっても「みじめな状態で社会に迷惑をかけてまで長生きしたくない」という感情がより強くなるかもしれません。

たとえば少しまえのことですが、麻生太郎元総理の発言が大きな注目を集めました。麻生元総理は第二次安倍政権の発足以降、副総理と財務相を務めており、注目された発言もその任期中の発言でした。

報道によると、麻生元総理は２０１３年1月21日の社会保障制度改革国民会議で、終末期医療や延命治療に触れ、終末期の患者を「チューブの人間」だと表現しつつ、個人的な希望として「私は遺書を書いて『そういうことはしてもらう必要はない。さっさと死ぬから』と書いて渡してある」と発言。さらに、「いいかげん死にてえなあと思っても、『とにかく生きられますから』なんて生かされたんじゃあ、かなわない。しかも、その金が政府のお金でやってもらっているなんて思うと、ますます寝覚めが悪い」「さっさと死ねるようにしてもらうとか、いろんなことを考えないといけない」と述べたということです。

当然ながらというべきでしょうか、この発言は野党やマスコミからの批判にさらされました。

しかしその一方で、麻生元総理のこの発言が一定の人たちの気持ちを表現したものであることも否定できないでしょう。また、これからの終末期医療のあり方や死生観の変化について本質的な問題提起をしていることも事実です。

それを「けしからん」「不謹慎だ」ということで封じ込めてしまっては、今後なされるべき議論を政治的タブーにすることにしかなりません。超高齢社会の進展を目のまえにして「命」の問題をゼロから再考することは私たちにとって避けられないのです。

姥捨ての風習と現代

たとえ医療的に延命させてもらえるとしても、チューブにつながれた寝たきりの状態で家族や社会の迷惑になるぐらいなら死んだほうがいい――。

こう思う人は決して少なくないはずです。

尊厳死への社会的要望が強くなっていることは、そうした思いの広がりと決して無関係ではありません。

さらにいえば、「財政破綻になればすべての国民がまともな医療を受けられなくなるのに、なぜ財政破綻のリスクをおかしてまで寝たきりの高齢者の延命のためにわざわざ医療費を捻出しなくてはいけないのか」と考える人が今後増えてこないともかぎりません。

事実、1990年度と2016年度の政府の一般会計をくらべると、歳出は69・3兆円から97・5兆円へと28・2兆円増えているのですが、そのなかで社会保障費は11・5兆円から32・2兆円へと20・7兆円も増えています。じつに歳出の増額分28・2兆円の73％以上が、社会の高齢化を主な要因とする社会保障費の増加によってもたらされているんですね。

昔にくらべて長生きするようになった高齢者が社会の「お荷物」となってしまう構造は避けがたく存在するのです。

民俗学者の柳田國男は『遠野物語』のなかで、かつて遠野地方には山に老人を捨てるという風習があったことを紹介しています。

いわゆる姥捨ての風習ですね。

貧しい農村の人びとが生き延びていくために、口減らしとして、老衰して労働も家事もできなくなった人間を何らかの方法で死に至らしめるという風習です。

実際にどこまでそれがおこなわれていたのかは諸説ありますが、口減らしの風習そのものは――生まれたばかりの赤ちゃんを捨てたり殺したりする「間引き」も含めて――日本だけでなく、世界のいたるところでありました。姥捨ての風習は、かぎりある希少なリソース（食料などの資源）のもとで人びとが生きていくための、どこにでもある生存戦略の一つなのです。

揺らぐ命の平等主義

そうした生存戦略のもとにある価値観が今後あらたに復活することだってありえないことではありません。

そうなれば、誰が生きるべきで誰が死ぬべきか、誰がかぎりある希少なリソースを受けとることができて誰が受けとれないか、ということが鋭く問われることになるでしょう。

それは言い換えるなら、生きるに値する「命」とそうでない「命」が差別化される、ということです。

私たちは少なくとも建前のうえでは徹底的な命の平等主義に立脚しています。「人間の命はそれがどんな状態にあろうともそれ自体で尊いものであり、その点ではいかなる人間も平等である」という平等主義ですね。

しかし、超高齢社会の進展によって、そうした命の平等主義は根本から挑戦を受けてしまうかもしれないのです。

もちろん私だってそれが望ましいことだとは決して思っていません。高齢になった両親にはどんな場合であれ最善の医療を受けてもらいたいと思いますし、自分だって受けたいと思います。

そうした思いが保障されるためには、各人が金持ちにでもならないかぎり、命の平等主義にもとづいた財政支出がどうしても必要となります。

ただその一方で、命の平等主義は、私たちが活用できるリソースがかぎられたものであるということを「問わないかぎりでのみ」なりたつものであることも否定できません。

みんなを助けられるだけのリソースがあるという前提がなければ、みんなを助けようという意見は説得力をもちえません。

その意味では、命の平等主義は、経済成長によって税収が増加し、分配できる社会のパイが拡大していった時代に特有のものでしかない、とも言えるのです。

パイが拡大する幸福な時代だったからこそ、命の平等主義という幸福な原理に私たちも立脚できただけなのかもしれないのです。

「人の命はそれ自体で価値がある」という倫理観の向こう側

オーストラリア出身の哲学者、ピーター・シンガーは『生と死の倫理』（1994年）のなかでとてもラディカルな主張をしています。

つまり、臓器移植や出生前診断、人工授精などの現代の先端医療技術のまえでは、たとえば一つの命を犠牲にすることで別の命を助けることができるようになる以上、「生命は神聖であり、それ自体で価値がある」という伝統的倫理は崩壊してしまうのであり、その新しい状況に対処するためには「生きるに値する生命と値しない生命」を区別しうるような新しい倫理が必要になる、と。

こうした根源的な倫理的転回は、医療技術の発達によってだけでなく、超高齢社会の深化によっても要請されうるでしょう。

日本における一般会計の税収は、1990年度の60・1兆円をピークにずっと減少傾向にありました。近年は景気回復や増税によって増加傾向になりましたが、2009年度ではなんと38・7兆円にまで減少してしまいました。

その一方で歳出は増えつづけ、政府の債務は雪だるま式に累積してしまいました。

そうした「分配のためのパイ」が縮小していく現実のなかで、激増する高齢者をまえに、はたして私たちはいつまで「人の命はそれ自体で価値がある」という命の平等主義を維持することができるのでしょうか。

人間の倫理観はそれほど不変でも堅固でもない、ということを身をもって確認するときがくるかもしれません。

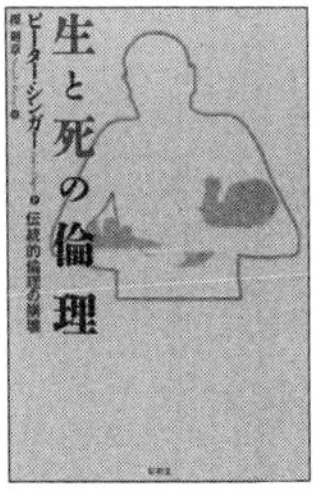

『生と死の倫理』
ピーター・シンガー／昭和堂

12　空間とともに変容する政治のあり方

サイバー空間における、警察の犯罪捜査の非力さ

２０１２年６月から９月にかけて、無差別殺人や爆破の予告がたてつづけに14件もインターネットをつうじておこなわれるという事件がありました。いわゆるパソコン遠隔操作事件です。この事件では、日本の警察がいかにサイバー空間での犯罪捜査に非力なのか、ということが露呈されてしまいました。

というのも、真犯人が逮捕されるまで、４人もの人間が誤認逮捕されたからです。

犯人はインターネット上の掲示板などを利用して他人のパソコンを遠隔操作し、それをいわゆる「踏み台」として殺人や爆破の犯行予告をおこないました。当然そこでは、ネット上の住所にあたる「ＩＰアドレス」は、犯人のものについては隠蔽されます。

これに対し警察は、ログに残されたＩＰアドレスを根拠にして容疑者を特定するという、少

しでもインターネットに詳しい人からみればあまりに素朴だと言わざるをえない捜査方法によって4人もの誤認逮捕を生じさせてしまったのです。

結局、同年10月以降に真犯人から犯行声明が報道機関や弁護士などに送られ、そこに犯人しか知りえない犯行の内容が記されていることが明らかになるまで、警察は誤認逮捕のもとでの立件を進めたのでした。

さらに言えば、真犯人は最終的には逮捕されたとはいえ、その最初の手がかりとなったのは江ノ島の防犯カメラなどに残されたとされる容疑者の痕跡だというのも、いかに警察のサイバー捜査が行き詰まっていたのかを示しています。

「戦場」へと変容するサイバー空間

サイバー空間における捜査当局の非力さは、しかし、今回のような事件で誤認逮捕がでてしまいかねないという問題にとどまらない深刻さをもっています。というのも、その非力さは日本のサイバーセキュリティそのものの脆弱さを象徴しているからです。

総務省管轄の独立行政法人・情報通信研究機構（当時）の調査によれば、パソコン遠隔操作事件と同じ２０１２年に日本の政府機関や企業などを対象としたサイバー攻撃は約78億件もありました。

もちろんそれらの攻撃のすべてが目的を達成しているわけではないでしょう。しかし、数が増加し手口も巧妙化するなかで、日本ではその対応が後手に回ってしまっていることは否めません。

なぜサイバー犯罪やサイバー攻撃に対する政府の対応力がここにきて問題とされなくてはならないのでしょうか。

それは、国家同士が激しく攻防しあう「戦場」へとサイバー空間がますます変容してきているからです。

たとえば、２０１３年2月12日におこなわれた一般教書演説でオバマ米大統領（当時）は「われわれの敵は送電網や金融機関、航空管制システムを破壊する力を得ようとしている」と訴え、サイバー空間をつうじたインフラ攻撃への対策を強化する大統領令を発表しました。

すでにこの時点で、アメリカでは国防総省のなかに軍事対応もおこなう「サイバー司令部」が創設されています。「サイバー真珠湾攻撃」という言葉すら米国防長官の口からとびだすほどでした。

米国土安全保障省によると、11年におけるアメリカのインフラ施設や関連企業へのサイバー攻撃は報告があっただけでも前年比で5倍に増えており、原子力関連企業への攻撃も1割を占めているそうです。

とりわけアメリカ政府が警戒していたのは中国やイランからのサイバー攻撃です。

13年1月末には米紙ニューヨーク・タイムズが四ヶ月にわたって中国から集中的なサイバー攻撃を受けていたことを明らかにしました。ちょうどその四ヶ月というのは、同紙が中国の温家宝首相（当時）の親族の蓄財問題を取材しおえて報道した時期と重なっており、同紙からサイバー攻撃についての調査を依頼された専門家は中国軍が関与した可能性を指摘しています。

また、同年2月18日には米情報セキュリティ会社のマンディアントが、アメリカなどの企業へのサイバー攻撃を繰り返していた集団が上海に拠点をおく中国軍の「61398部隊」と呼ばれる組織である可能性がきわめて高いという報告書を発表し、話題になりました。

もちろんサイバー攻撃にかんしてはアメリカもたんなる被害者というわけではありません。

核開発疑惑が国際的な問題となっていたイランでは、2010年に不正プログラム「スタクスネット」によってウラン濃縮施設での大規模なシステム障害が引き起こされました。

また12年にはスタクスネットよりもはるかに複雑で強力な不正プログラム「フレーム」がイランなどの中東諸国の政府機関でみつかっています。

いずれもアメリカとイスラエルが共同開発したものだと複数の欧米メディアは報じています。

人類が獲得すべき空間は歴史的に変化してきた

ここで考えたいのは、このようにサイバー空間がますます「戦場化」していることの歴史的な位置づけです。

戦争はそもそものはじめから空間の支配と切り離せないものでした。

空間を自分たちで占領したり管理したりするためにこそ、人類は戦争をしてきたとさえいえるほどです。

たとえば植民地を獲得するということはその土地の支配権を手にするということですし、戦国時代の武将たちは日本列島という空間における支配権を確立するために争っていました。

ただしその場合の「空間」はつねに同じものだったわけではありません。歴史が進展するなかで、その空間は陸から海、海から空へと拡がってきました。

もともと人類は陸地で生活する動物ですから、人類にとって戦争で獲得すべき空間とは長いあいだ陸でした。

誰がその土地の支配権をもつのかをめぐって、たとえばある希少な鉱物がとれる土地があれば誰がその鉱山を最終的に所有もしくは管理するのかをめぐって、戦いが繰り広げられました。

いまでもヤクザ組織は自分たちの「シマ」をめぐって争いますよね。それと同じです。

しかしスペインやポルトガルが海事技術を発達させて大航海時代がはじまると、その空間は一気に海へと拡大していきました。

海はそれ以降、人類にとって「外」の空間ではなくなり、緯度や経度によって位置を観測したり区画したりできる空間として、そこでの利用のルール（航海ルール）が定められるような「内」の空間になったのです。

それにともない、戦争で勝つためには強い海軍をもつことが不可欠となりました。海という空間を制するものが、植民地からの海上物流の元締めとなることができ、軍事的にも経済的にも勝者となったのです。

最終的にその海をめぐる戦いに勝利したのはイギリスでした。イギリスは世界の海を制することで、19世紀には世界の覇権国家にまで登りつめたのです。

さらに20世紀になると、飛行機の発明によって、人間が支配権を確立すべき空間が空へと拡大していきました。

20世紀はまさに空の時代だったといっても過言ではありません。

飛行機からの空爆が戦争の行方を左右する決定的な戦術となりました。

20世紀の後半にはミサイル技術や衛星技術の発達により、さらに宇宙へと空の範囲は拡大していきました。

20世紀においては空と宇宙を制したものが世界的な覇権国となることができたのです。いうまでもなくその地位についたのはアメリカでした。

現代は、支配権を確立すべき空間がさらにサイバー空間へと拡大している時代にほかなりません。

13年にオバマ大統領が一般教書演説で述べたように、いまや電力供給から金融取引、航空管制まで、あらゆる基幹的なシステムがサイバー空間をつうじて制御されるようになりました。

フランスの哲学者ポール・ヴィリリオは『情報エネルギー化社会』（1993年）のなかで、こうした変化によって政治と空間の関係は根本的に再編成されることになると論じています。支配権を獲得すべき空間が拡がることにともなって変容してきた政治のあり方が、まさに現在、新たな変容の段階を迎えつつある、ということです。

現代において戦場がサイバー空間へと拡大している事態は、これまでの歴史における空間拡大とは根本的に性格を異にしています。サイバー空間への拡大は、これまでのような物理的な空間拡大ではありませんから。

そこでは誰がどのように支配権を確立するのかということすら、まだよくわかっていません。覇権の概念そのものさえ変容していくかもしれません。少し腰をすえて、新しい時代の変化の先を見極める必要がありそうです。

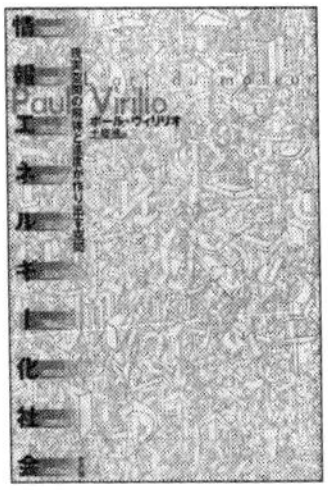

『情報エネルギー化社会』
ポール・ヴィリリオ／新評論

13　グローバル化をめぐって私たちが思考すべき逆説について

なぜアメリカはＴＰＰから離脱したのか？

２０１７年1月23日、就任したばかりのトランプ米大統領はＴＰＰ（環太平洋パートナーシップ協定）から離脱するための大統領令に署名しました。

ＴＰＰとは、太平洋をかこむ国々が輸入品にかかる関税などをなくすことで、モノやお金が自由に行き交う経済圏をつくろう、という協定のことです。２０１６年2月4日に、日本やアメリカ、カナダ、オーストラリア、メキシコ、シンガポール、ベトナムなど、合計12カ国のあいだで署名されました。トランプ大統領が離脱のための大統領令に署名したのはその約1年後です。

ＴＰＰをめぐっては、かつて日本でも参加すべきか否かについて激しい論争がありました。最終的には２０１３年3月に安倍総理がＴＰＰの交渉に参加することを正式に表明したことでその論争には決着がつきましたが、それまでは与党の自民党のなかですら賛否が激しくぶつかりあっていたほどです。

が、アメリカの離脱によって、TPPはその規模を（したがってその影響力や性格までも）大きく変化させることになりました。

なぜトランプ政権のアメリカはTPPから離脱したのでしょうか。

トランプ大統領が署名した大統領令にはこうあります。「アメリカがTPP交渉から永久に離脱することを指示する」、そして「アメリカの産業の発展を促し、アメリカの労働者を守り、アメリカ人の賃金を引き上げるために、可能な限り二国間貿易交渉を進めていく」と。

すなわち、アメリカはTPPのような多国間の貿易交渉ではなく、二国間の貿易交渉によって自国経済の発展をうながしていく、ということですね。

ここには、いまの世界の動きを理解するための重要な論点が含まれています。

しばしばTPPからのアメリカの離脱は「保護主義への動き」と評されます。しかしアメリカはTPPから離脱したからといって他国との貿易交渉そのものを志向しなくなったわけではありません。あくまでもアメリカが背を向けようとしているのは「多国間」の貿易交渉であって、その代わりにアメリカは「二国間」の貿易交渉を志向すると述べているのです。

なぜアメリカは多国間の貿易交渉に背を向けるのでしょうか。

その理由は簡単です。多国間の貿易交渉では、参加国の利害が錯綜するため、各参加国はその交渉を成立させるために多くのことを譲歩しなくてはならないからです。

とりわけ参加国のなかでも経済規模の大きい国ほど、譲歩しなくてはならないことは多くなります。アメリカはTPP参加国のなかで最大の経済大国です（というより現時点では世界一の経済大国です）。トランプ大統領が、TPPの交渉ではアメリカが多くのことを譲歩させられた、と判断したとしても、それは決して不思議なことではありません。

これに対して二国間の貿易交渉では、大国ほど交渉を有利に進められます。二国間の交渉であれば政治力があるほうが有利になりますし、またそこでは経済規模の小さい国のほうが相手の国のマーケットにアクセスするメリットが大きくなるため、大国は相手国（である小国）に譲歩を迫りやすくなるからです。

アメリカにとっては、多国間で貿易交渉をするよりは二国間で貿易交渉をしたほうが圧倒的に有利なんですね。

したがって、TPPからのアメリカの離脱を単純に「保護主義への動き」と考えることはできません。そうではなく、アメリカは多国間の枠組みから二国間の枠組みへと移行することで、自国により有利になるようにグローバル化を進めようとしている、と考えなくてはなりません。

TPPからのアメリカの離脱は、決してグローバル化から背を向けた「保護主義への動き」

ではありません。反対にそれは、グローバル化を自国に有利なものにするための戦略なのです。それは「反グローバリズム」などではなく、グローバル化を生き抜くもう一つの「グローバリズム」なのです。

イギリスのＥＵ離脱を「保護主義への動き」ととらえられない理由

この点からみれば、イギリスのＥＵ離脱も単純に「保護主義への動き」として考えることはできないことがわかります。

たとえばイギリスの金融や製薬などの産業はＥＵのなかでも最強の競争力をもっています。しかし、イギリスがＥＵ加盟国であるあいだは、それらの産業はＥＵ本部が定めるさまざまな規制に縛られてしまいます。それらの規制は必ずしもイギリスの金融業界や製薬業界の現状に合わせて制定されているのではありません。むしろＥＵ加盟国の平均的な状況に合わせたものになっています。

だから、イギリスの金融業界や製薬業界にとっては、それらの規制は他のＥＵ加盟国の金融業界や製薬業界を保護するものであると同時に、みずからの競争力を削ぐものでしかありません。

イギリスにとってＥＵ離脱は、こうした規制の多い（ＥＵという）多国間の枠組みから離脱し、その枠組みに縛られずに自国に有利なように他国と通商関係を結ぶことができるようになる、ということを意味するのです。

したがって、それは決して「保護主義への動き」などではありません。あくまでもそれはグローバル化を自国に有利に進めるための一つの戦略なのです。

ＴＰＰからのアメリカの離脱やイギリスのＥＵ離脱を「保護主義」だと批判する論調は後を絶ちません。しかしその見方はものごとの表面しかとらえていないのです。

保護主義とみえるものが、じつはグローバル化の流れを自国に有利にするための戦略である、という逆説こそ、グローバリゼーションをめぐって私たちが注目し、思考しなくてはならないものなのです。

ＴＰＰへの参加は日本経済にとってどれほどプラスになるものなのか?

グローバル化をめぐる逆説はほかにもあります。自由貿易化がもたらす逆説です。

そもそもＴＰＰへの参加は日本にとってプラスになるものでしょうか、マイナスになるものでしょうか。

これはひじょうに難しい問題です。

多くの場合、自由貿易を促進するＴＰＰは日本にとってプラスになると考えられています。だからこそ安倍政権もＴＰＰへの参加を決定したのでした。

ただし、そこには見落とされがちな問題があることも否定できません。

ＴＰＰに参加すべきだと考える人たちは、それによって経済が活性化し、日本の経済成長につながると主張します。

たしかに自由貿易圏をめざすＴＰＰに参加すれば、いまより海外への輸出がしやすくなります。また海外から日本への投資も増えるので、それによっても雇用が新たに生みだされるでしょう。

さらには、農産物を含めた安い生産品が日本に入ってくるので、消費者は安く商品を買うことができるようになりますし、生産する側も外国製品との競争に負けないために生産性を向上させたり、新しい商品を開発したりするよう努力するでしょう。

とはいえ、こうした経済効果はじつはＴＰＰの限定された側面にすぎません。

アメリカはすでにＴＰＰから離脱してしまいましたが、事態の本質をとらえやすくするためにアメリカを含めたもともとのＴＰＰを例にして考えましょう。

２０１３年３月に安倍総理がＴＰＰへの参加を表明したとき、日本政府はそれに合わせて、

ＴＰＰへの参加が日本にもたらす経済効果についての試算を発表しました。

それによると、ＴＰＰへの参加によって日本のＧＤＰ（国内総生産）は10年後に年間３・２兆円増えます（ＴＰＰ交渉に参加している11ヵ国のあいだで関税がなくなったと仮定した試算）。

当時の日本のＧＤＰは約５００兆円だったので、この増加分はＧＤＰの約０・６６％に該当します。

「あれほどＴＰＰは日本経済のためだといわれていたのに、10年でたったの０・６６％しか増えないの？」と驚く読者もいるかもしれません。

たしかにＴＰＰ推進派が主張していたほどには、ＴＰＰは日本経済にとって必ずしも数字上の実利をもたらすものではないんですね。

たとえ海外製品との競争が激化することで日本の産業構造の転換やイノベーションが進むとしても、その効果は数字でみるとそれほど大きなものではないのです。

数字であらわされる経済効果ではＴＰＰ参加の是非を判断できない

なぜこうなるのでしょうか。それは、日本が国際競争力をもっている産業の関税はすでにとても低くなっているからです。

たとえばアメリカの乗用車輸入の関税は2・5％です。

たとえＴＰＰによってこの関税が撤廃されたとしても、それほど大きな影響はありませんよね。

ＴＰＰ参加国のうち、日本を除いた11カ国のなかでアメリカが占めるＧＤＰの割合はだいたい74％です（輸入額の割合だと56％ぐらい）。つまり、ＴＰＰといっても、日本にとって影響が大きいのはアメリカとの通商関係です。

ですので、ＴＰＰによって乗用車の関税が撤廃されたとしても、それによって日本の自動車輸出が大きく伸びるというわけではないのです。むしろ為替で1ドル80円になったり１２０円になったりするほうが、輸出にとっては影響が大きいのです。為替では2・5％ぐらいの変動はすぐに生じますから。

このことは何を意味するでしょうか。

それは、ＴＰＰに参加すべきかどうかという問題は数字にあらわれる経済効果ではなかなか判断できない、ということです。

これはＴＰＰによってもたらされるマイナスの効果についてもいえます。

先の政府の試算によると、日本がＴＰＰに参加すると、日本の農林水産物生産額は数年後に3兆円ほど減ります。このマイナス3兆円という数字も、日本のＧＤＰからすれば0・6％程度で大した額ではありません。

要するに、経済成長するかしないか、数字のうえで経済効果がどれぐらいあるか、という問題はＴＰＰ参加の是非を考えるうえでそれほど本質的な問題ではないのです。

経済効果とひきかえに農業が壊滅してしまうことをどう評価すべきか？

ただし、農林水産物生産額３兆円減という数字は日本の農林水産業にとっては決して取るに足らない数字ではありません。

というのも、日本の農林水産物生産額は２０１３年でみると全体でも５・６兆円ほどしかないからです（２０１６年は６・２兆円）。

農林水産業はもともと日本のＧＤＰの１％強しか占めていないんですね。

５・６兆円ほどしかないところに３兆円も減ってしまえば、日本の農林水産業は壊滅的な打撃を受けることになるでしょう。たとえばＴＰＰ加盟によって砂糖はすべて外国産に置き換わってしまうと考えられています。

したがって問題は、10年後の３・２兆円の経済効果とひきかえに農林水産業が壊滅してしまうことをどのように評価するか、ということになります。

この場合、生産性がもともと低かった農林水産業は淘汰されても仕方ないだろう、と考えることはもちろん可能です。

しかし、農林水産業は農林水産物を生産するだけでなく、それをつうじて環境保全や国土整備といった役割をも担ってきました。たとえば林業が衰退すれば、山が荒廃し、山の保水力が落ちて、土砂が流出したり洪水が起こりやすくなったりするように、です。

そうした農林水産業の役割は数字上の生産性や国際競争力ということだけでは決して評価できません。

自由貿易における非対称性

次のような意見もあります。日本の農業は国際競争力が弱いのだから、日本は工業製品などの生産に特化して、食料は輸入したほうが効率がいい、という意見です。

これもしばしばＴＰＰ参加の是非をめぐってだされる意見です。

とはいえ、この意見もまた重要な点を見逃してしまっています。農産物の国際市場がどのようになりたっているのか、という点です。

農産物のなかでもとくに基本となるのは、コメや麦、トウモロコシや大豆といった穀物ですが、それら穀物の国際市場には、各国で国内需要が満たされたあとの残りしか供給されません。どの国も自国民への食料供給を最優先するからです。

だから各国は、不作などで穀物の生産量が落ちると、輸出税を課したり輸出を禁止したりして、穀物が国外市場に流出しないようにするのです。

逆に、豊作などで穀物が国内需要よりも多く生産されて余ってしまうと、輸出補助金などをだしてその価格を下げて、余った穀物を国際市場で安く処分できるようにするのです。

したがって、もし日本が食料の供給を輸入に頼ってしまうなら、世界的な不作などがあったとき、そもそも他国に農産物を売ってもらえないという事態もありえるのです。

食料の貿易においては輸出国が圧倒的に有利なんですね。

事実、GATT（関税および貿易に関する一般協定）のウルグアイ・ラウンド（1986～93）では、農産物の輸入数量制限は撤廃されましたが、日本が主張した輸出数量制限の廃止は認められませんでした。それぞれの国は、輸入量は制限できないが、輸出量は制限できる、というかたちになったのです。

農産物の国際市場では、あらかじめ不作のさいの供給保証をしてもらえばすむ、なんて能天気なことは通用しないのです。どの国も自国民への食料供給を最優先にするからです。

地球温暖化などによる気候変動がもたらす影響は世界的に深刻になっています。これまであまりみられなかった干ばつなどの異常気象はそれこそ世界各地で生じています。

地球温暖化による気候変動はたんに地球全体の気温を上げるだけではありません。さらにそれはそれぞれの気候現象を極端化します。従来ではありえなかったような集中豪雨や寒波、干ばつなどが世界各地で生じるのはそのためです。

もし異常気象によって世界的な干ばつや寒波が生じれば、日本はいくらお金を積んでも他国に食料を売ってもらえない、ということもありえない話ではありません。

たとえ戦争などの紛争が起きなくても、つまり自由貿易の基礎である平和が維持されていても、「食料を買いたくても買えない」という状況はつねに起こりうるのです。

さまざまな生産物のなかで食料は特別な位置を占めています。私たちは自動車やコンピュータを買わなくてもなんとか生きていけますが、食料だけはそれがないと生きていけません。

自由貿易化をめぐる通商交渉では、関税などの輸入制限をどうなくしていくかということばかりが問題にされます。しかしその一方で、輸出制限の撤廃についてはなかなか議論されません。

とりわけ食料については、その国の安全保障にかかわることでもあり、輸出制限の撤廃が正面から取り上げられることはほとんどありません。

こうした非対称性をどこまで解消できるかが自由貿易化をめぐる通商交渉の鍵となります。

ＴＰＰの交渉でも日本は農産物輸入の関税の撤廃や大幅引き下げを迫られました。

そうしたときに、輸出制限の廃止や輸出補助金の廃止をルール化できなければ、日本はたいしたことのないＧＤＰの増加とひきかえに食糧安全保障を大きく損ねることにならざるをえません。

ここには自由貿易化がもたらす大きな逆説が潜んでいます。

先に、ＴＰＰ参加の是非は数字上の経済効果ではわからない、と述べたのはまさにこのためです。

ＴＰＰなどの貿易協定に参加するということは、多国間のあいだで経済上のルールをつくるということです。中国が「一帯一路」などの独自の経済圏をつくろうとしている現在、そうしたルールづくりは中国がめざす独自の経済圏構想に対抗するという点では、たしかに大きな意味があります。しかし同時に、そのルールの策定は、数字上の経済効果ではあらわしきれない問題をも内包しているのです。

155 第13講 グローバル化をめぐって私たちが思考すべき逆説について

14　「統計学の勝利」の時代はどのような歴史のもとにあるのか？

――ビッグデータと「生-政治」のあいだ――

データ活用のイノベーションとしてのビッグデータ

少しまえから「ビッグデータ」という言葉を当たりまえのように聞くようになりました。ビッグデータとは文字通り「巨大なデータ」のことで、これまでのデータベース管理システムでは記録や解析が難しかったため見過ごされてきた巨大なデータ群のことを意味します。

たとえばいまの日本ではほとんどの自動車にカーナビがついていますよね。多くのカーナビは人工衛星をつかったＧＰＳ（全地球測位システム）で自動車の位置を特定し、その走行データを逐一記録しています。そして、その位置情報を含んだ走行データは人工衛星をつうじて集められています。１００万台の自動車の走行データをまとめると、一日でだいたい地球７００周分のデータになるそうです。

これほど巨大なデータはこれまで、どうやって管理して活用したらいいのか、なかなかわかりませんでした。しかし近年では、たとえば車のスピードがしばしば急に落ちる場所、すなわち急ブレーキが踏まれた回数の多い場所を特定することで、事故防止対策に活用されるようになったりしているそうです。

それだけ、巨大データを解析し活用する技術や手法が発達したということですね。

あるいは、ここ数年で急速に普及してきた小売店でのポイントカードを例にしてもいいでしょう。

これまでは、コンビニやスーパーなどの小売店側が客の購買動向を知ろうとするには、精度も高くなく標本数も少ないサンプルデータを使用するしかありませんでした。たとえばかつてはよくコンビニの店員が客の外見から「男か女か、年齢は何歳ぐらいか」を判断し、その情報をレジを打つときにいっしょに入力していました。

しかしこれでは大ざっぱなデータしか得られません。

これに対してポイントカードでは、使用者の年齢や性別だけでなく住所なども登録されていますので、より正確なデータが、それも個別化され、時間的に連続したかたちで手に入れられるのです。

ですから、どんな人がどんなものを買っているかだけでなく、どれくらいの頻度で買っているのか、どれくらいの頻度で来店し、それは家からの距離や通勤路とどのような関係にあるのか（あるいはないのか）、ということまで把握できるのです。

さらに最近では、コンビニやスーパー、飲食店、ガソリンスタンドなど複数の業種にまたがって利用できるポイントカードもでています。

そうなると、そのポイントカードをつうじて収集されるデータも、そのデータにもとづいて解析できることがらも、飛躍的に拡大することになります。

まさにビッグデータの典型です。

ほかにもビッグデータの例としては、携帯電話やスマホから発信される位置情報や通信記録、電子マネーと一体となった公共交通機関の乗車カードの使用記録、ネットでの閲覧やオンラインショッピングの履歴、さらにはツイッターやフェイスブックなどのＳＮＳをつうじてなされた投稿など、さまざまなものがあります。

これらのデータは、ネットワークでつながったデジタル機器が生活のなかで広く使われるようになるにつれて相乗的に増大してきましたが、データの種類や形式がさまざまであるために一括したファイル管理が難しく、これまでは重要な意味をもっていませんでした。

しかし、新しいソフトウェアの開発など、データ管理の技術革新が進むことで事態は一転します。

いまや日々蓄積される巨大なデータ群をどこまで有効に、そしてリアルタイムに分析できるかは、企業のマーケティングや経済動向の予測、さらには治安対策や公衆衛生の向上などを果たすうえで、決定的に重要になってきたのです。

「統計学の勝利」とでも名づけるべき歴史的状況

多くの企業にとって、有効なデータをより多く収集し活用することは、将来の業績を左右する死活的な課題となりました。

ビッグデータの活用法を講習するセミナーはどこも大盛況だそうです。データ分析の専門家であるデータサイエンティストという職業もにわかに脚光を浴びるようになりました。

統計学の本もここにきて売れ行きを伸ばしています。

民間だけではありません。

少しまえのことですが、２０１２年３月には米ホワイトハウスが「ビッグデータ研究開発イニシアティブ」を発表しました。これは、ビッグデータの研究および開発に総額２億ドル超の予算を投じるという計画です。

日本政府も遅ればせながら、アニメや食などの日本文化を海外に売り込む「クールジャパン」の戦略にビッグデータをもちいて海外需要を細かく分析するなど、ビッグデータの活用に動きだしました。

私たちは現在このように、「統計学の勝利」とでも名づけることのできる歴史的状況のなかにいます。

ただし、その歴史的状況というのは、じつはいまになって突然発生したものではありません。2世紀以上つづく長い歴史のなかから生まれてきたものです。

かつて、フランスの哲学者、ミシェル・フーコーはその歴史の発端を「生-政治(bio-politique)」という概念によって分析しようとしました。

つまり、フーコーの概念をつかうなら、「統計学の勝利」と名づけることのできる歴史的状況とは、「生-政治」が勝利したことによる歴史的状況だといえるのです。

「生-政治」とは何か?

では「生-政治(bio-politique)」とは一体何でしょうか。

これは「生-政治学」と訳されることもある言葉です。フーコーの1976年刊『知への意

志　性の歴史Ⅰ』のなかではじめて本格的に使用されました。

聞き慣れない人にとっては奇妙な言葉かもしれません。フーコーが独自につくった概念なのでそれも仕方ないでしょう。

この「生-政治」という概念が意味するのは、人びとの集合体があらわすさまざまな現象にもとづいて統治を合理化しようとする実践のことです。

といってもこれではわかりづらいですね。

たとえば19世紀のロンドンではコレラが大流行して多くの人が死亡しました。はじめは何が原因かがわからず、医師や役人がいろんな対策を講じるのですが、どれも効果がありませんでした。

そんななか、ジョン・スノウという外科医がコレラで死亡した人の生活をとことん調べて、コレラにかかっていない人とどこが違うのかを探し出そうとしました。

その結果わかったのが、特定の水道会社の水を飲んでいる人たちのコレラの死亡率が極端に高かったという事実です。

ここから、その水道会社の水は飲んではならないという解決策が導きだされ、コレラの拡大が抑えられました。

と同時に、どうやらコレラの感染には飲料水が関係しているらしいという認識も得られることなったのです。

この場合、特定の水道会社の水を飲んでいた人たちのコレラの死亡率が高かった、という事実が、「人びとの集合体があらわす現象」となります。

そうした「人びとの集合体があらわす現象」にもとづいて統治を合理化していこう、政策を改善していこう、という試みが「生-政治」にほかなりません。

「生-政治」の誕生からビッグデータの時代へ

では、なぜそれが「生-政治」と呼ばれるのかというと、そこでは人間たちが「生きる」ことをつうじて示すさまざまな集合的現象にもとづいて統治の合理化がめざされるからです。

この点で、「生-政治」と統計学は切っても切れない関係にあります。

公衆衛生学や疫学をつうじて統計学が発達してきたのも決して偶然ではありません。

フーコーによれば、こうした「生-政治」の実践は18世紀以降、徐々にかたちづくられ拡大してきました。

それにともない「生-政治」が対象とする現象も、罹病率や公衆衛生、出生率、平均寿命といった、「生」命的なものから、物価や経済成長率、失業率、消費活動などの市場的なものへと拡大していきました。

ビッグデータの時代もまさにその延長線上に位置するのです。

フーコーは1978～79年の講義録『生政治の誕生』のなかで、こうした「生-政治」が発達するにつれて、市場をモデルとして統治をスリム化していこうとする（新）自由主義が政治の場で力をもつようになってきたことを示唆しています。

なぜそうなるのでしょうか。

じつはフーコーの議論はその理由を明らかにするところまではいかずに終わってしまっています。とはいえ、「生-政治」が発達し、みずからの有効性を社会に認めさせていくようになるにつれて、人びとの集合体が示す現象が数量的にあらわれやすい市場が統治のモデルになりやすい、ということは、フーコーの説明をまたずとも理解できるのではないでしょうか。


『生政治の誕生』

ミシェル・フーコー／筑摩書房

15　憲法改正における哲学的含意について

憲法96条の改正をめぐる議論

憲法改正をめぐる議論が続いています。焦点はやはり憲法9条です。「陸海空軍その他の戦力は、これを保持しない」と定めた9条2項と、自衛隊が存在するという現実を、どうすり合わせていくのか、という問題です。

他方で、憲法9条ではなく96条の改正が焦点になったことがかつてありました。2013年夏の参院選のころです。当時の安倍総理が96条の改正を参院選の争点にしたいと表明したことがそのきっかけでした。

憲法96条とはどのような条文でしょうか。

96条では、憲法を改正するために必要な手続きが定められています。それによると、憲法を改正するためにはまず、国会の衆議院と参議院のそれぞれで総議員の

3分の2以上の賛成が必要となります。そのうえで国会の発議によって国民投票がおこなわれ、過半数の賛成があれば憲法を改正できるということになっています。

つまり、いまの憲法を改正しようと思ったら、国会で3分の2以上の賛成を得て、さらに国民投票で過半数の賛成を得なくてはならないんですね。

これはきわめて厳しい改正要件です。他国と比べても厳しいといわれています。この厳しさのため、日本国憲法はこれまで一度も改正されてきませんでした。

そうした厳しい改正要件をゆるめよう、というのが96条改正の方向性です。いわば「憲法を改正しやすくするための改正」ですね。

具体的には、国会で3分の2以上の賛成を得なければならないところを2分の1の賛成でいいということにしましょう、ということが、当時、改憲案として提示されました。

9条改正に賛成か反対かにかかわらず、それ自体として議論されるべき96条の改正

こうした改憲案に対して、憲法改正に反対する護憲派の多くは「9条が簡単に改正されてしまうことになる」と反対しました。

たしかに憲法改正の最大の焦点が9条の改正にあることは明白です。その9条を改正するた

めの布石として96条の改正が当時提案されたことはまちがいないでしょう。

とはいえ、「96条改正の先には9条改正がある、だから96条改正に反対」という論法には大きな疑問を抱かざるをえません。

なぜならこの論法では「9条改正に反対だから96条改正にも反対」ということになり、9条改正に賛成、もしくは必ずしも反対ではないという人たちには、96条改正に反対する理由がなくなってしまうからです。

たとえ9条改正には賛成でも、「9条を変えるのであれば、現行の憲法にしたがって国会で3分の2以上の賛成を獲得する努力をすべきだ」というように、96条改正に反対する立場は十分なりたちます。

96条の改正は、9条改正に賛成か反対かにかかわらず、それ自体として議論されなくてはなりません。

憲法改正に必要な国民の支持という正当性の根拠

96条の改正は、現在の国民投票法との関係で議論されなくてはなりません。

国民投票法とは、国会によって憲法改正の発議がなされたあとの国民投票の詳細を定めた法律です。

じつは現行の国民投票法には最低投票率の規定がありません。

つまり、いまの国民投票法のもとでは、たとえ投票率が10％しかなくても4％しかなくても憲法改正をめぐる国民投票は成立したことになり、その有効投票総数の過半数が賛成すれば憲法改正が可決されたことになるのです。

これでは国民の総意によって憲法が改正されたといえるかどうか疑問が残るでしょう。

憲法改正になぜ国民投票が必要なのかといえば、それは国民の総意によって憲法が書き換えられ、その新しい憲法が支持されたという正当性の根拠が必要だからです。

しかし、現行の国民投票法の内容は、そうした正当性の根拠をなりたたせるには必ずしも十分なものとはいえないのです。

事実、他国をみると、多くの国が憲法改正の国民投票に何らかのハードルを設定しています。たとえばロシアでは50％以上という最低投票率が定められています。またデンマークでは投票総数の過半数の賛成が必要なうえに、その賛成が有権者総数の4割をこえなくては憲法改正が成立しないようになっています。

たしかに、現行の憲法96条のもとでは、国民投票法に最低投票率の規定がないことは仕方がないかもしれません。

というのも、現行の憲法96条における国会発議の要件（3分の2以上という要件）があまりにも厳しいからです。

その厳しい要件のうえに、さらに国民投票における最低投票率の規定まで設けたら、憲法改正へのハードルはあまりに高くなってしまうでしょう。それはそれで憲法は国民の手から離れていってしまいます。

現行の憲法には3分の2という厳しい発議要件がある以上、国会発議の時点ですでに国民の意思は十分に反映されている、と考えることはたしかに可能です。

さらにいえば、現行の憲法96条には、国民投票の成立要件を別途法律によって定めてもよいとはどこにも書かれていません。この点でも、現行の国民投票法に最低投票率が定められていないのはやむをえないことだといえるでしょう。

とはいえ、その憲法96条における国会発議の要件を緩和するのであれば、やはりそれと同時に国民投票法に最低投票率の規定を入れるかどうかも正面から議論されなくてはなりません。もし、最低投票率の規定のない国民投票法のまま、憲法96条の発議要件が国会議員の3分の2から2分の1へと緩和されたらどうなるでしょうか。選挙で国会の議席の過半数を獲得したにすぎないその時々の勢力の意向によって、十分な国民的議論を経ないまま憲法が改正されてしまうということだって起こりえます。

これでは、憲法はほかの法律とほとんど同じ程度の重みしかもたなくなってしまうでしょう。

事実、96条を参院選の争点として提起した安倍総理は当時、改憲の必要性について、国民の手に憲法を取り戻すためだとしきりに強調していました。

また自民党の「日本国憲法改正草案Q＆A」でも、96条の改正について、国会での発議要件を厳しくしすぎることは「かえって主権者である国民の意思を反映しないことになってしまう」と説明されています。

そうであればこそ、96条の発議要件を緩和するのであれば、よけいに国民投票における最低投票率の規定は真剣に議論されなくてはなりません。それは、国民の総意を憲法に反映させるためにこそ必要な議論なのです。

最低投票率の概念が指し示すもの

もちろん、最低投票率をどうすべきか、というのはそれ自体として難しい問題です。

たとえば最低投票率を50％と定めたとしましょう。

このとき、投票率が50％でそのうち賛成票が60％だった場合、全有権者数の30％の賛成で憲法改正が成立したことになります。

これに対し、投票率が40％でそのうち賛成票が80％だった場合、全有権者数の32％の賛成があったにもかかわらず、投票率が最低投票率に達していないため憲法改正は成立しません。最低投票率を設定すると、このような矛盾が生じてしまうのです。

とはいえ、だからといって最低投票率を定めなくてもいいということには必ずしもなりません。

そもそも、最低投票率の概念は、投票に参加せず、意見表明をしない人がたくさんいるような国民投票は国民投票としてみなすことはできない、という考えからきています。

ですので、投票率が最低投票率に達しなかった場合、その投票結果の中身がどうだったか（賛成が多かったのか反対が多かったのか）というのは問題になりえません。最低投票率を定めている投票で、その投票率が最低投票率に達しなかった場合、そもそも投票結果が公表されないことがあるのはそのためです。

たとえば、２０１３年5月に東京都小平市でおこなわれた道路建設をめぐる住民投票では、市議会が定めた最低投票率の50％に投票率が達しなかったので、住民投票は成立せず、投票の結果をみるための開票もなされませんでした。その住民投票を求めた市民グループは開票がなされなかったことを批判しましたが、本来それは最低投票率の概念からくる当然の措置なのです。

最低投票率の概念はあくまでも、その投票に参加しない人がたくさんいるような投票はそもそも人民の意思をあらわすものとしては不十分だ、という考えからきています。

もし憲法96条の改正を「国民の意思を反映させるためのもの」だと主張するのであれば、国民投票を「国民の意思の表明」と呼べるものへとするためにその成立要件をさらに実質化すべきでしょう。そのうえで国会での発議要件を緩和するのであれば筋は通ります。

しかし、それをせずに発議要件だけが緩和されるのであれば、憲法そのものの価値をおとしめることになりかねません。

「構成的権力」とは何か？

イタリアの政治哲学者、アントニオ・ネグリは『構成的権力』（1992年）のなかで、憲法を制定し、国家の基本的な規範をうみだす力を「構成的権力」（il potere costituente：憲法制定権力）と呼んで、そこに既存の権力を転覆しうる人民の破壊的な潜勢力をみいだしました。

ネグリがなぜこうした概念を提起したのかといえば、一言でいえば、革命の可能性を理論的に指し示すためです。

憲法を制定する「構成的権力」は、理論的にいって、憲法によって根拠づけられ秩序づけられた既存の権力（これを「構成された権力」といいます）の外にあります。そうでなければそれは憲法を新たに制定することはできません。

その既存の権力の外にある「構成的権力」の、体制転覆的な潜勢力に注目することで、ネグリは現代においても革命が可能であることを示そうとしたのです。

こうしたネグリの考えからすると、日本の護憲派は明らかに「反革命」ということになります。護憲派とはすなわち、「構成的権力」が日本で行使されるべきではないと考える人たちのことですから。

日本の護憲派のほとんどは左翼ですので、日本では左翼が「反革命」を唱えるという、ねじれた状況が生まれているんですね。

他方で、近代の政治の歴史とは、こうした「構成的権力」の体制転覆的な潜勢力を何とか既存の制度のなかに位置づけ、秩序化していこうとする努力の歴史でした。憲法を改正する手続きそのものが憲法のなかに書き込まれるようになったことが、その具体的な成果です。憲法96条もそのなかの一例です。

もし人民による憲法改正が法的に認められておらず、その手続きも法的に定められていなければ、つまり「構成的権力」が既存の憲法秩序の外に位置づけられたままであるなら、憲法の改正や再制定は力によってしか（すなわち暴力革命によってしか）なされなくなってしまいます。それは場合によっては内戦をもたらし、国家の分裂を招来するでしょう。

そうした力による体制転覆を避けるために、近代の政治は「構成的権力」を既存の制度のなかに位置づけ、秩序化することに労力を割いてきたのです。まさにそれは既存の体制による「構成的権力」の馴致です。

ただし、こうした潜勢力の馴致を「反革命」の措置だと考えることはできません。むしろそれは「革命の体制内化」の措置として考えられるべきものです。

つまり、私たちは近代という時代をつうじて暴力革命に訴えなくても体制変革をおこなえるようになってきた、ということですね。

憲法96条や国民投票法をめぐる問題は、まさにこうした近代の政治の歴史のなかに位置しています。

硬直的な護憲論を振りかざし、それらの問題を議論すること自体を抑圧しようとするのは、近代の歴史に逆行することでしかありません。

『構成的権力――近代のオルタナティブ』
アントニオ・ネグリ／松籟社

16　慰安婦問題からみえる「正義」の成立可能性について

「慰安婦」問題をめぐる舌禍事件

２０１３年のことです。当時の橋下徹大阪市長がいわゆる「慰安婦」問題について発言し、大きな舌禍事件を引き起こしたことがありました。

覚えている方も多いでしょう。

この舌禍事件、じつは哲学的にみて、「正義」の成立可能性を考えるうえでひじょうに示唆的な出来事でした。

簡単に経緯を振り返っておきましょう。

発端となったのは、２０１３年5月13日に橋下市長が記者たちをまえに「慰安婦制度が必要なのは、これは誰だってわかる」と発言したことでした。

また、橋下市長は同じ日の午後に「慰安婦制度じゃなくても、風俗業っていうものは必要だと思う。だから沖縄の海兵隊・普天間に行ったとき、司令官に『もっと風俗業を活用してほしい』と言った」と発言し、沖縄の米軍司令官に風俗業の活用を進言したことを明らかにしました。

しかしこれらの発言は国内外で大きな批判を招いてしまいます。

5月16日には米国務省のサキ報道官が記者会見で橋下市長の発言を「言語道断で侮辱的」と強い調子で非難しました。ここまで強く米政府が日本の政治家の発言を非難するのは異例でした。

また、安倍晋三首相も5月15日の参院予算委員会で「安倍内閣、自民党の立場とはまったく違う」と橋下発言を突き放しました。

その後も国内外からの批判はやまず、追い込まれた橋下市長はついに5月27日、日本外国特派員協会で記者会見を開き、みずからの見解を釈明せざるをえなくなったのです。

橋下大阪市長は何を言いたかったのか

これら一連の発言をつうじて橋下市長はいったい何を述べたかったのでしょうか。

一見すると、橋下市長の発言内容は、発端となった13日のものと、批判を受けて開かれた27

日の釈明会見とのあいだで、正反対のものへと大きく変化しているようにみえます。

たとえば、27日の釈明会見では、「慰安婦制度は必要」と述べた13日の発言について、それは当時は必要だとされていたという意味だったと述べて、「私の発言の一部が切り取られ、私の真意と正反対の意味を持った発言とする報道が世界中を駆け巡った」と説明しました。

また、風俗業の活用を米軍司令官に進言したことについても、それは自分の真意ではなかったこと、しかしそれは「アメリカ軍のみならずアメリカ国民を侮辱することにも繋がる不適切な表現」だったので撤回すること、などを述べて、お詫びを表明しました。

とはいえ、こうした変化に目をうばわれて、橋下市長の発言にじつは一貫性があったことを見逃してはいけません。

どのような一貫性かといえば、それは、慰安婦問題で日本だけが非難されつづけるのはおかしい、という問題意識の一貫性です。

たとえば13日の発言のなかで橋下市長はこう述べています。「なぜ日本の慰安婦問題だけが世界的に取り上げられるのか。日本は『レイプ国家』だと、国をあげて強制的に慰安婦を拉致し、職業に就かせたと世界は非難している。その点についてはやっぱり、違うところは違うといわないといけない。」

同じ問題意識は27日の釈明会見でも引き継がれています。

橋下市長はそこでこう述べています。少し長いですが引用しましょう。

「かつて日本兵が女性の人権を蹂躙したことについては痛切に反省し、慰安婦の方々には謝罪しなければなりません。同様に、日本以外の少なからぬ国々の兵士も女性の人権を蹂躙した事実について、各国もまた真摯に向き合わなければならないと訴えたかったのです。あたかも日本だけに特有の問題であったかのように日本だけを非難し、日本以外の国々の兵士による女性の尊厳の蹂躙について口を閉ざすのはフェアな態度ではありませんし、女性の人権を尊重する世界をめざすために世界が直視しなければならない過去の過ちを葬り去ることになります。」

兵士の性欲を処理するためにどの国も慰安所と同じようなかたちで女性の性を活用してきたにもかかわらず、それを棚に上げて日本だけを非難するのはフェアではない――。

こうした問題意識は13日の発言から27日の釈明会見にいたるまでまったくブレていません。みずからの発言に対して多くの批判を受けながらも、この点だけは揺らいでいないのです。

27日の釈明会見であらためて橋下市長が強制連行の有無について発言したのもそのためです。橋下市長はそこでこう述べています。

「もし、日本だけが非難される理由が、戦時中、国家の意思として女性を拉致した、国家の意思として女性を売買したということにあるのであれば、それは事実と異なります。」

「なぜ日本だけが……」という問題意識は決して不条理なものではない、しかし……

こうした「なぜ日本だけが非難されつづけなくてはならないのか」という問題意識そのものはじつは決して不条理なものではありません。

橋下市長が述べていたように、少なくとも第二次世界大戦までは慰安所のような売春施設は他国の軍隊にも数多く併設されていました。

慰安婦問題をつねに蒸し返し、日本をことあるごとに非難する韓国についていえば、ベトナム戦争時に韓国軍が現地で売春施設を運営していたことが、さまざまな記録文書や報道によって示されています。

また、日本は戦後、慰安婦問題に対して何の対応もしてこなかったわけではありません。

たとえば、日韓のあいだの政府および国民の財産や権利、請求権に関する問題が「完全かつ最終的に解決されたこと」を定めた日韓請求権協定（1965年）にもとづく韓国への多額の経済協力、河野談話（1993年）、「女性のためのアジア平和国民基金」（1995～2007年）での償い事業とそこに添えられた総理大臣の「おわびの手紙」、慰安婦問題を最終かつ不可逆的に解決するための日韓合意（2015年）とそれにもとづく10億円の拠出など、この問題に対して日本が戦後おこなってきたことは、同様の問題における他国の対応と比べても際立っています。

ベトナム戦争で韓国軍は兵士用の売春施設を運営していただけでなく、現地の多数の女性たちを強姦したことが明らかになっていますが、韓国政府はそのときの被害者が直接韓国政府に訴えでているにもかかわらず、ほとんど何も対応していません。こうした韓国政府の対応と比べても日本政府の対応は際立っています。

にもかかわらず、それでもなお日本ばかりが非難されつづけるのなら、多くの人が「なぜ日本だけが……」と不満を募らせるのも仕方のないことです。

事実、このときも決して少なくない日本人が橋下市長の発言を支持しました。やはり、自分たちのことは棚に上げて日本ばかり非難する国際世論のあり方にどこか欺瞞的なものを感じているのでしょう。

とはいえ問題は、「なぜ日本だけが……」という問題意識をそのまま表明するだけでは、国際世論の支持をまったく得ることができず、かえって日本への非難を強めてしまう、ということにあります。

橋下市長の舌禍事件がはからずも示してしまったのは、まさにそうした問題でした。

では、どうしたらいいのか、というのがここから立ち上がってくる問いです。

正当性の確保のために何が必要なのか？

その問いを考えるうえで参考となるのは、橋下市長の発言の変化したところのほうです。

橋下市長は当初、13日の発言では、キレイゴトをいうのはやめよう、建前論はやめよう、というスタンスに立っていました。

すなわち、どちらにしても兵士の性的なエネルギーを抑えつけることはできないのだから、レイプなどの性暴力にそれが向かわないようにするためにも、建前論はやめて合法的な性欲解消の方法を素直に認めたほうがいい、実際どこでも慰安所のような施設はあったわけで、だから日本だけを非難するのはおかしい、というスタンスです。

事実、「建前論ばかりでは人間社会は回らない」と橋下市長はこのとき述べています。「慰安婦制度は必要」という発言や、風俗業の活用を進言したことは、こうしたスタンスにもとづくものでした。

しかし27日の釈明会見では、橋下市長はみずから否定していたはずの建前論へと完全に転換しています。

すなわち、日本の慰安婦制度は決して許されない、なぜならいかなる国の兵士であっても性欲の解消のために女性を利用することは許されないからだ、だから日本だけを問題にするのも正しくない、という立場です。

注意すべきは、こうした建前論への転換が、多くの批判を浴びるなかでみずからの正当性を主張しようとしてなされたものだ、ということです。

建前論に立つということは、より普遍化されうる「キレイゴト」に立脚するということです。それがみずからの正当性を主張するためになされるということは、それだけ正当性の確保には普遍化されうる「キレイゴト」が必要だということです。

求められる普遍化可能性への意志

ドイツの哲学者、ユルゲン・ハーバーマスは『討議倫理』（１９９１年）のなかで、まさにこの普遍化可能性があるということを正義の基本的原理だと考えました。

もし私たちが慰安婦問題で「日本だけが非難されつづけるのはおかしい」と主張したいのなら、世界から「日本は責任逃れをしようとしている」と思われないような、普遍化可能な正当性の主張を考えなくてはなりません。

慰安婦の調達に際して強制連行があったかどうかという問題についても、「政府による強制連行はなかった」とことさら主張することでは、「日本は責任逃れをしようとしている」と思われて、よけいに非難を浴びかねません（事実として政府による強制連行がなかったのは、橋下市長が述べている通りなのですが）。

たしかに、政府による強制連行があったかどうかは、政府の責任を見定めるうえで避けることのできない問題です。

実態としては、旧日本軍における慰安所の設置は民間の業者がおこなっていたことで、慰安婦の調達も民間の業者によってなされました。この点、事実と異なる認識が広がって、日本だけが非難を受けるような状況になっているのはきわめて悲しいことです。

とはいえ、その誤解を解こうとした橋下市長は国際的な非難を浴びてしまいました。国をあげて強制的に慰安婦を調達したのではないと主張するだけでは、どうしても「日本は責任逃れをしようとしている」と思われてしまうのです。

慰安婦問題では、問題の性質上、日本はスタートの段階ですでにかなりのマイナスの地点に立たされています。

そこでは私たちが正論だと思って主張することでもネガティブに受け取られかねません。日本がそこで正当性を確保するためには、普遍化可能性をめぐる、相当慎重な配慮が必要なのです。

私たちはしばしば建前論を否定して、本音で語ることが議論の進展だと考えがちです。

しかし、他者を説得しなくてはならない外交の場面では本音主義は通用しません。地道で徹底的な普遍化可能性への意志こそ、けっきょくは正当性の確保への近道なのです。

『討議倫理』
ユルゲン・ハーバーマス
／法政大学出版局

17　監視されることよりも見られないことを恐れる時代

世界に衝撃をあたえたスノーデン事件

他人から監視されるのは誰だっていやなことです。

私的な生活や通信まで覗きみられればプライバシーの問題にもかかわります。

そのプライバシーの問題を深く考えさせる出来事が２０１３年にありました。

アメリカの情報機関がインターネット上の個人情報を秘密裏に収集していたことが、元職員によって内部告発されたのです。

告発をおこなったのは、エドワード・スノーデンという当時29歳の米国人です。彼は２０１３年5月までＮＳＡ（米国家安全保障局）で極秘の情報収集の仕事にたずさわっていました。

スノーデンはイギリスの新聞ガーディアンなどの取材に対し、自分が職務のために令状なしで通信を傍受していたことを明かし、ＮＳＡが秘密裏におこなってきた情報収集活動についての機密文書を暴露したのです。

アメリカ国家安全保障局とはどんな組織なのか？

そもそもＮＳＡとはどのような組織でしょうか。

ＮＳＡは、旧日本軍による真珠湾攻撃をアメリカ政府が未然に防げなかったことを教訓に、盗聴などによる情報収集活動をおこなう行政機関として１９５２年にトルーマン大統領のもとで設立されました。

現在は海外の通信の傍受や分析のために3～4万人が働いているといわれる、世界最大の通信傍受組織です。本部はメリーランド州ボルチモアの郊外にあります。

ＮＳＡはかつてその存在そのものが秘密にされていたほどで、現在もその活動の詳細はほとんど明らかにされていません。ですので、スノーデンの今回の告発はアメリカ政府にとって大きな痛手だったでしょう。

とはいえ、アメリカ政府がサイバー空間での通信を傍受し、さまざまな情報を収集・分析しているだろうということは、すでに広く予想されていたことでした。

というのも、これまでＮＳＡが「Echelon（エシュロン）」とよばれるシステムによって世界中の電話や電子メールを盗聴してきたことは広く知られていたからです。

この「エシュロン」はおもにアナログ通信を対象とする通信傍受システムで、世界各地に設置したアンテナ施設によって電波を傍受し、電話やメールなどを盗聴していました。

日本では青森県の三沢基地にその通信傍受施設が設置されているといわれています。同盟国とはいえ、日本も通信傍受の対象から免れているわけではないんですね。

スノーデンの今回の告発によって明らかになった通信傍受のしくみは、この「エシュロン」とは違ってデジタル通信に対応しています。

留意しておきたいのは、このデジタル通信の傍受という点において、アメリカは世界のなかで圧倒的に優位な地位を占めているということです。

なぜなら、２０１３年当時でいうと、世界にはりめぐらされたインターネット上の通信データの80％以上は、海底の光ファイバーケーブルを通ってアメリカの設備を経由していたからです。

インターネットはもともとアメリカが軍事目的で開発したものです。そのため海底ケーブルなど、インターネットの基幹設備はほとんどアメリカに集中しています。

そうした通信設備にアクセスすることで、ＮＳＡは世界の膨大なネット上の情報を収集できるのです。

さらに、こうしたケーブル網ではカバーできない情報については、NSAはマイクロソフトやグーグル、フェイスブックなどの大手インターネット企業のサーバから直接収集をおこなっています。

なぜそんなことが可能なのかといえば、それは2001年9月11日のアメリカ同時多発テロ事件の直後に成立した愛国者法が、NSAにそうした情報を入手できる強い権限を与えたからです。

ですので、日本に住んでいる私たちの通信データも、基本的にはすべてNSAに傍受されうると考えたほうがいいでしょう。もちろん、日本国内で完結していたりしてアメリカを経由しない通信網をもちいるなどすれば話は別ですが。

人びとがみずからすすんで監視される現代

このとき問題になるのは、やはりプライバシーはどうなるのかということです。

オバマ米大統領（当時）は、このスノーデンの告発を受けて「100％の安全と100％のプライバシー保護は両立できない」と述べました。

テロ対策のためには多少のプライバシー侵害もやむをえない、ということですね。

たしかに大規模な通信傍受はテロ対策に一定の効果をもっているでしょう。

たとえばアメリカ軍がオサマ・ビンラディンをはじめとするアルカイダの幹部たちを捕まえたり暗殺したりしたときに、携帯電話やメールなどの通信傍受がひじょうに役立ったといわれています。

たしかにセキュリティとプライバシーの両立はとても難しい問題です。

とはいえ、この問題が難しいのはそれだけが理由ではありません。

さらに、これまでの古典的なプライバシーの考えがいまや通用しなくなりつつあるという現状が、問題を真に難しくしています。

たとえば私たちはフェイスブックやツイッター、インスタグラムなどのSNSをつうじて、自分が何をしたのか、誰といたのか、いまどこにいるのか、自分はどのような考えや趣味をもっているのか、自分とはどのような人間なのか、といったことを絶えずさらしています。

あるいは、利便性や特典などと引き換えに電子カードで買い物をしたり移動したりすることで、デジタル・ネットワーク上にみずからの行動のログを残しています。

さらには、実際の書店にいくよりもネット上の書店で本を買ったほうが便利だからということで、みずからの思考や内面があらわれやすい書籍の購入履歴をインターネット企業が大量に活用する可能性を日々広げています。

つまり、私たちは監視のネタになることをみずからすすんで情報提供しているわけですね。

監視されることよりも無視されることを恐れる時代

なぜでしょうか。

ジグムント・バウマンとデイヴィッド・ライアンは、その理由を『私たちが、すすんで監視し、監視される、この世界について』（2013年）のなかで正面から論じています。

それによると、現代の私たちがすすんで監視されるような状態に身をおくのは、「暴露されることへの不安が、気づかれる喜びによって抑えられている」からです。

つまり、現代では社会関係がひじょうに流動的で不確かなものになってしまった結果、私たちは人びとから相手にされなくなったり、無視されたり、見捨てられたりすることを何よりも恐れるようになり、その反動として、つねに他人から見られていること、見られうる存在だということ、そして願わくは注目されうる存在になることこそが、もっとも熱烈に求められる存在証明の仕方になってしまったということです。

その結果、何かを消費するということも、自分の嗜好を満たすというよりは、自分がより人から注目される存在になるために自分に投資することに近づきます。

自分の買ったものや食べたものをツイッターやインスタグラムで報告する人たちはその典型的な例ですね。

要するに、現代では監視されることへの恐怖よりも、人びとから見られることさえないということへの不安のほうが大きくなってしまったのです。

まったくモテないよりは迷惑でも少しぐらいストーカーされたほうがいい、という心性です。監視や管理よりも排除を恐れる時代、といってもいいかもしれません。

プライバシーの概念を再定義しなくてはならない時代

こうなると、監視の拡がりに対してこれまでのように「プライバシーを守れ」と主張しても、それほど説得力をもたなくなってきます。

事実、スノーデンによる告発と同じ時期に日本ではいわゆる「マイナンバー」制度の関連法が成立しましたが（2013年5月）、国民世論のレベルではほとんどそれは大きな議論になりませんでした。

これは、2002年に住民基本台帳ネットワークシステム（住基ネット）が稼動したときに、地方自治体までも巻き込んだ大きな反対運動があったこととは雲泥の差です。

そのかんにプライバシーのあり方そのものが大きく変わってしまったということでしょう。

そもそも「プライバシー」というのはひじょうに曖昧な概念で、ここからがプライバシーであるという実体的な境界線があるわけではありません。

人間はもともと他人を監視することが大好きです。職場や地域で人びとが他人の噂話を熱心にしつづけることをみるだけで、それは明らかです。

その監視好きという人間の傾向に、現代は、無視されることへの恐怖や見られることとの快感が情報ネットワークをつうじてむすびつきつつあります。

またほかにも、痴漢冤罪を防ぐために電車内に監視カメラを導入することを、むしろ監視される側の人間が求めるということさえ起こっています。

もはやこれまでの「プライバシー」の概念では現実を捕捉したり批判したりすることは困難です。

もしプライバシーという概念をつかいつづけるのであれば、その中身を再定義することは避けられない時代になっているのです。

私たちが、
すすんで監視し、監視される、
この世界について
リキッド・サーベイランスをめぐる7章

『私たちが、すすんで監視し、監視される、この世界について』

ジグムント・バウマン、デイヴィッド・ライアン／青土社

18　日本にとって食糧危機がひとごとではない理由

なぜ虫を食べることが推奨されるのか？

虫を食べる、というと、読者の多くは気持ち悪がるかもしれません。

ところがいま世界では「昆虫食」がきわめて将来性のあるものとして注目されています。

2013年5月、国連の食糧農業機関（FAO）は「食べられる昆虫――食糧安全保障のための未来の資源」と題された報告書をまとめました。

それによると、人類は今後、世界人口の爆発的な増加によって食糧危機に直面する可能性がとても高く、その食糧危機を克服するためには「虫を食べること」がひじょうに有効だということです。

なぜ虫を食べることが食糧危機を克服するうえで有効なのでしょうか。

それは虫を食べることが人間の栄養摂取にとって効率がいいからです。FAOの報告書は昆虫を「たんぱく質や脂肪、ビタミン、食物繊維などが豊富で、健康的な食用資源」だと位置づけています。

とりわけ人間が摂るべき栄養素として重要なのはたんぱく質です。

人体の組成は、水分をのぞけばほとんどがたんぱく質でできています。

そのたんぱく質を摂取するのに昆虫はとても効率がいい。

たとえば1キロの牛肉を得るには8キロのえさが必要になりますが、1キロの虫の肉を得るには2キロのえさですむそうです。単純に考えて、虫は牛よりも約4倍の効率でたんぱく質を私たちにもたらしてくれるのです。

地球が養える人口のキャパシティを世界人口がこえる日は遠くない

人口が増加するということは、人間一人に対して活用できる土地の面積が小さくなるということです。

フィリピンにある国際稲研究所によると、地球が養える人口は最大で83億人だそうです。土地だけではありません。水も石油も、すべての資源には限界があります。

現在、世界人口はすでに70億人をこえています。

国連経済社会局人口部が２０１７年6月に発表した報告では、その世界人口は２０５０年には98億人、２１００年には１１２億人に達するといわれています。

人口予測というのは多くの統計のなかでも予測の確実性が高いといわれているので、この数字から将来の世界人口が大きく外れることはないでしょう。

つまり、このままいけば２０２０年代後半には世界人口はほぼ確実に83億人をこえてしまうのです。あと10年ほどで、地球が養うことができるとされる最大人口をこえてしまうんですね。

ですので、現在のように私たちが畜産業をつうじて動物性たんぱく質を摂るライフスタイルをつづけているかぎり、近い将来、人類は深刻な食糧危機におちいらざるをえません。

畜産業は牛や豚を育てるために大豆やトウモロコシなど大量のえさを必要としますから、それだけ広い土地や水も必要になります。

この点、食用の昆虫を飼育する「畜虫業」は、えさが少量ですみますから、より少ない土地で人間の食料を供給することができます。

さらに、畜虫業は小規模でもできることから、今後人口爆発が予想されるアジアやアフリカでは、貧困層に家計収入をもたらす手段としても有効になるとＦＡＯの報告書は指摘しています。

食料自給率の低い日本は食糧危機の影響を受けやすい

いかがでしょうか。

読者のみなさんも昆虫食の可能性をまえに、自分でもそれを実践してみようと思ったでしょうか。

おそらくそんな人は少数でしょう。

多くの人は「たとえ食糧不足になっても昆虫なんて食べたくない」と思ったにちがいありません。なかには「虫なんて食べるぐらいならベジタリアンになるか、いっそ餓死でもしたほうがいい」と思った人もいるかもしれません。

でも心配しないでください。本当に食糧不足になっておなかが空けば、昆虫だってなんだって食べるようになります。

実際、現代の日本でもイナゴや蜂の子などは地域によっては食べられていますよね。

それに、実際に昆虫食が普及するとしたら、それはハンバーガーのパティ（肉）のように加工された、虫とは似ても似つかない形状においてでしょう。

それよりも心配すべきなのは食糧危機そのもののほうです。

いまの飽食の日本では食糧危機といわれてもあまりピンとこないかもしれません。

なにしろ、日本では年間1700万トン以上の食品廃棄物が発生し、そのうち、売れ残りや規格外品、食べ残しなど本来は食べることのできた食品が廃棄される「食品ロス」は500〜800万トンに上りますから（2010年度農林水産省推計）。

この食品ロスは日本の年間コメ生産量（約800万トン）に匹敵するほどの量です。

しかしその一方で日本の食料自給率は38％しかありません（2016年度、カロリーベース）。生産額ベースですら68％しかないのです。

それだけ日本は食糧危機の影響を受けやすい国だということです。

食糧危機になれば、どの国も自国民への食糧供給を最優先しますから、日本はすぐに「そもそも食糧を売ってもらえない」という状況におちいってしまうのです。

穀物は国内需要を満たしたあとの「あまり」しか輸出されない

たとえば2010年、約130年ぶりといわれる深刻な干ばつに見舞われたロシアでは、穀物生産が大幅に減少し、ロシア政府は穀物の輸出制限措置をとりました。

もちろん自国民への食糧供給を優先させるために、です。

その結果、穀物の国際価格は高騰しました。

1973年の食糧危機のときには、アメリカが大豆の輸出を禁止しています。大量の大豆を消費し、その輸入をアメリカに頼っていた日本は、その輸出禁止措置によって大混乱におちいりました。

そもそも穀物というのは、通常の年でも、国内の需要を満たしたあとの「あまり」しか国際市場に輸出されません。せいぜい生産量の15％程度しか穀物は輸出されないのです。トウモロコシにいたっては生産量の6％しか輸出されないといわれています。

ですので、気候変動などで穀物生産がマイナス15％の不作になれば、たちまち貿易量はゼロになってしまう可能性があるのです。

たとえそこまでいかなくても、わずかな供給量の落ち込みで国際価格は大きく上昇してしまいます。

事実、1993年に日本ではコメが平年よりマイナス26％の不作になり、日本が国際市場で250万トンのコメを買い付けた結果、コメの国際価格は約2倍に高騰しました。

食糧危機は日本にとって決してひとごとではありません。

それどころか、先進国のなかでは例外的に食料の自給率が低い日本は、その影響をもろに受けてしまう数少ない先進国なのです（一般に食料自給率の低い国は、生産性の低い途上国に集中している）。

食料輸入を自由貿易の論理で考えてしまうのは、ただのお人よしにすぎない

食糧不足をもたらすのは世界人口の増加だけではありません。

干ばつや温暖化、冷夏などの気候変動もそうですし、土壌の侵食もあなどれません。

資源価格の高騰によって肥料調達が難しくなることも食糧不足をもたらします。

なかでも水不足はもっとも深刻な食糧不足の要因です。

食糧生産に水は欠かせません。茶碗一杯分のコメを生産するためですら３００～４００キログラムの水が必要になりますし、１００グラムのビーフステーキをつくるには2トンもの水が必要です。

ポール・ロバーツ著『食の終焉』（２００８年）は、この水不足が現在いかに深刻な状況にあるのかを強調しています。

たとえばアメリカで広大な地域の水源となっているオガララ帯水層は30年以内に干上がってしまうといわれています。

古代から中国の文明を支えてきた黄河でさえ、いまや工業化による大規模取水がすすんで、たびたび「断流」が起こるようになっています。

おカネがあれば食糧は海外から買える、という状況は決して「当然のこと」ではありません。

『食の終焉』では、国内の余剰農産物を処分したい先進国が、一方では補助金をつかって低価格で自国の農産物を輸出し、他方では輸入国の農業保護政策を「関税障壁だ」と非難してきた様子が描かれています。

しかし、食糧危機になれば、そうした農業輸出国が手のひらを返したように食糧を売ってくれなくなるというのは、過去の経緯からも明らかです。

食料を他の貿易品と同じように自由貿易の論理で考えることはできません。

しばしば食糧安全保障について、「日本は食料輸出国と供給協定をむすんで、食糧供給を保証してもらえばいいではないか」などと主張されます。

しかしそう考えてしまうのは、おカネがあれば食糧を輸入できると盲信する、ただのお人よしの考えにすぎないのです。

『食の終焉』
ポール・ロバーツ／ダイヤモンド社

19　グローバリゼーションのもとでなぜ領土問題が激化しているのか

なぜいま領土問題なのか？

日本は島国です。他国と陸地では国境を接していません（南樺太などは除く）。が、それでも周辺諸国との国境はいまだに画定されていません。

領土問題は日本にとって古くて新しい問題です。

「古い」というのは、北方領土や竹島の領有権をめぐる問題は戦後ずっと続いてきたからです。しかし、その竹島に２０１２年８月、韓国の李明博大統領（当時）が上陸したり、日本政府が尖閣諸島を２０１２年９月に国有化したことに対して中国政府が猛反発したりと、ここにきて領土をめぐる周辺国との緊張関係がふたたび高まっています。

領土をめぐる係争があらためて「問題」として浮かび上がってきたのです。「新しい」というのはそういう意味です。

読者のなかには、なぜいまさら領土問題なのか、と疑問に思う人もいるかもしれません。

実際、グローバリゼーションによってさまざまなものが国境を簡単にこえるようになり、国境の意味も領土の意味もこれまでより小さくなったはずです。にもかかわらず、誰も住んでいない離島（そもそも竹島は0・23平方キロしかない岩礁であり、自然のままでは人が住めません）の領有権になぜいまさらここまでこだわるのでしょうか。

とりわけナショナリズムに批判的なリベラル知識人は、領土問題を「大した問題ではない」と過小評価したがります。領土問題が過度に「問題化」されることでナショナリズムが激化することを警戒するからです。

先日も、あるリベラル派の論者と話していたら、「尖閣諸島を防衛するために多大なコストをかけるぐらいなら、さっさと中国と取引をして譲ってしまったほうがいい」というようなことを述べていました。グローバリゼーションの時代、領土にこだわるのは時代遅れで合理的ではない、ということでしょう。

領土問題とは単に陸地だけの問題ではない

しかし、領土をめぐる問題がいまになって激しくなってきたのには理由があります。

その最大の理由は国連海洋法条約が１９９４年に発効したことです（日本は96年に批准）。この条約によって、各国の領海は３海里から12海里に拡張されました。また排他的経済水域（ＥＥＺ）の規定が創設されたのもこの条約によってです。

私たちは現在、自国から２００海里の水域内（排他的経済水域内）では水産資源や海底資源を独占できることを当たり前の権利だと考えていますが、そうした海洋資源に対する主権的権利が認められるようになったのはそんなに昔のことではないんですね。

２００海里の水域内に沿岸国の経済的な主権的権利を認めていこうという考えが国際社会に広がっていったこと自体、せいぜい１９７０年代以降のことです。

それまでは、日本はむしろ排他的経済水域の考えとはまったく逆の主張をしていました。世界中の海で漁業をするために、領海以外の海はすべて「公海」として、誰でも自由につかえる水域として維持すべきだと主張していたのです。

国連海洋法条約が発効したことで、日本は２００海里の排他的経済水域が重なる隣国（ロシア・中国・韓国）と、どのように海洋境界を定めるか、どのように互いの漁業の操業条件を定めるか、といったことを調整しなくてはならなくなりました。

国連海洋法条約の発効によって海洋秩序のあり方が大きく転換したのです。

これにともない領土の意味も大きく変わりました。

どんな小さな島であれ、それが領土であるかぎりは、そこから200海里の排他的経済水域を主張できる基点になったのです。

事実、韓国は2006年以降、竹島を基点として自国の排他的経済水域を主張するようになりました。それまでは竹島から100キロほど西にある（つまり日本から遠い）鬱陵島を基点にして海洋境界を主張していたにもかかわらず、です。

もし韓国の主張どおりに境界線を引きなおすなら、日本は2万平方キロの海を失うことになるでしょう。

また、中国も海洋秩序の転換に対応して1992年に領海法を制定し、尖閣諸島を自国領だと宣言しました。

もし中国が尖閣諸島を実際に手に入れて、そこを基点として排他的経済水域を主張するようなことになれば、日本は石垣島や宮古島などの先島諸島周辺の海域の多くを失うことになってしまいます。

領土問題とは単なる陸地だけの問題ではないんですね。

グローバル化と領土問題の深い関係

要するに、グローバリゼーションが進んだ「にもかかわらず」領土問題が再燃しているのではなく、反対に、グローバリゼーションが進んだ「からこそ」領土問題が再燃しているのです。竹島や尖閣諸島がここにきてより重要な意味をもつようになったのは、国連海洋法条約の発効によって海洋秩序が転換され、かつては「公海」とされてきた空間にも経済的な主権的権利が認められるようになったからでした。

グローバリゼーションが進み、あらゆる空間（陸・海・空・宇宙）が多くのアクターによってより活発に、より深いレベルで利用されるようになったからこそ、それまでは「公海」として空間利用のルールがそれほど厳密には定められていなかった領域にも、新しいルールが定められるようになったのです。

かつてドイツの法哲学者、カール・シュミットは『陸と海と』（1942年）のなかで、18世紀から19世紀におけるイギリスの覇権の確立が、イギリスの巨大な海軍力にもとづいた海の支配によって可能になったことを論じました。

イギリスは当時、世界貿易の主要な交易空間となっていた海を支配することで、海洋秩序を確立し、世界貿易の総元締めとなることができたのです。

現代にいたるグローバリゼーションの原型です。

現代のグローバリゼーションはその海上覇権が20世紀前半にアメリカによって引き継がれて、「空」というもう一つの空間と合わさって拡大することでもたらされました。

すなわち、グローバリゼーションは海の利用がより深化することで、海洋秩序がより厳密に定められ、運用されるようになったことと切り離せないのです。

竹島や尖閣諸島をめぐる問題が激化したのも、その延長線上にあります。

海に囲まれた日本にとって、領土や国境の問題が新たな局面に入ったのは、まさにグローバリゼーションが進行したからなのです。

この点、領土問題にこだわることをグローバリゼーションをもちだして批判しようとする多くのリベラル派知識人たちは、完全に認識を誤っています。

彼らは「ナショナリズムはいけない」という善悪の理念だけでものごとを論じようとするので、近年の海洋秩序の転換といった、世界を実際に動かしているダイナミズムをとらえることができないのです。

断っておきますが、別に私はリベラルであること自体を悪いといっているのではありません。

善悪の理念に偏重してものごとを論じようとするリベラル派の知的態度を批判しているのです。

理念が認識を誤らせることもあるのです。

韓国による竹島の実効支配がはらむ根本的な矛盾

ところで、韓国は現在、竹島を実効支配しているにもかかわらず、なぜあれほどまでに竹島の存在を国際社会にアピールしようとするのでしょうか。

普通なら、係争地域を実効支配している側は圧倒的に有利なので、そもそもその地域について「自国の領土だ」ということすらいわないものです。「自国の領土だ」といえばいうほど、そこには領土問題が存在することを暗示してしまいますから。

しかし韓国は逆のことをしています。

なぜでしょうか。

その理由は、竹島が韓国にとって単なる領土問題以上の意味をもっているからです。

つまり、「反日」のシンボルとしてナショナリズムの道具になっているからです。

とはいえ、韓国がいかに竹島を「反日」のシンボルに掲げようと、韓国による竹島の実効支配は明らかにサンフランシスコ講和条約（1951年署名）に反してします。

サンフランシスコ講和条約では、日本が放棄すべき地域として「済州島、巨文島及び鬱陵島を含む朝鮮」と規定されており、そこには竹島は含まれていません。

また、その草案の作成過程でも、竹島が「1905年頃から日本の島根県隠岐島支庁の管轄下にある」（ラスク米極東担当国務次官補から梁韓国大使への書簡）ことが確認されています。韓国が国際法上正式に日本の植民地から独立したのはサンフランシスコ講和条約によってです。サンフランシスコ講和条約は韓国という国家の基盤をなすものなんですね。

この点、韓国による竹島の実効支配は、サンフランシスコ講和条約に明白に違反することで、韓国の国家としての存立基盤そのものを否定しています。韓国がこの矛盾に気づいているかわかりませんが。

慰安婦問題をめぐる韓国の行動をみてもわかるように、韓国は国際的な条約や合意をあまり遵守しようとしません。

その「国際法を遵守しない」という性格は、韓国が国家として独立した最初の時点にすでにみいだされるのです。

韓国が国家としての存立根拠であるサンフランシスコ講和条約にみずから違反していることを考えるなら、韓国に国際的な条約や合意を遵守することを期待するのはそもそも無理な話なのかもしれません。

『陸と海と　世界史的一考察』カール・シュミット／慈学社出版

20　アメリカの覇権のあとに何がくるのか？

結果的にアメリカのプレゼンスの低下をもたらしたオバマ外交

２０１７年、アメリカでトランプ新大統領が誕生しました。

そのトランプ大統領によって世界中が振り回された——、２０１７年をそのように総括する人もいるようです。

だからでしょうか、オバマ前大統領の外交を再評価する声があちこちからきこえてきます。

たしかにオバマ大統領は、アメリカの現職大統領としてはじめて広島を訪れ、原爆死没者慰霊碑に献花したり、気候変動の抑制をめざす多国間協定であるパリ協定を主導したりと、国際的な協調や融和を推し進めました。

とはいえ、その一方でオバマ大統領は、結果的にではあれ、世界におけるアメリカの指導的地位を大きく低下させてしまいました。

オバマ大統領の任期中に、北朝鮮が――オバマ大統領の「戦略的忍耐」という対北朝鮮政策のもとで――核・ミサイル開発を一気に進めたり、中国が南シナ海につぎつぎと人工島を建造して海洋進出を加速させたり、といった事例はその一端です。

オバマ大統領は国際的な融和路線を掲げるあまり、アメリカの力の世界的なプレゼンスを低下させ、その力に対抗しようとする他国の力の伸長を許してしまったのです。

事実、オバマ大統領は任期中、アメリカはもう世界の警察官の役割を担えないことをくりかえし強調していました。

オバマ大統領の狙いとしては、その代わりにアメリカは関係国からの協力をとりつけ、関係国と責任を分担しあうことで、アメリカがこれまで築きあげてきた世界秩序を（アメリカを中心とした）多国間の枠組みで維持していこう、ということだったのでしょう。

しかし、それはむしろ競合する他国の野心を増長させる結果をもたらしてしまったのです。

中東での影響力を低下させたアメリカ

アメリカはこれまで戦後の世界における覇権国でした。

強大な軍事力と経済力によって世界経済の「総元締め」となっていたのがアメリカです。

しかし、その覇権国の地位からアメリカは少しずつ退きつつあるのではないか――。そう思わせる出来事が、オバマ大統領の任期中にたてつづけに起きました。

とくにインパクトが大きかったのは、シリアでの化学兵器使用をめぐるオバマ政権の迷走ぶりです。

オバマ大統領は2013年に、シリア内戦でアサド政権が化学兵器を使用したことが明白になったことを受けて、いったんはシリアへの軍事介入を表明しました。

しかし、イギリスが議会の反対によってその軍事介入に参加しないことを決定すると、オバマ大統領は軍事介入の正当性を得るために米議会での承認を求める姿勢に転換します。

とはいえ、その議会の承認さえも得られる見通しがたたなくなり、オバマ大統領はまったく身動きがとれなくなってしまいました。

そんなときロシアがシリアの化学兵器を国際的に管理することを提案して、ようやくオバマ大統領は振り上げたこぶしを下ろすことができたのです。

この一連の迷走ぶりはアメリカの威信を大いに傷つけました。

ロシアからの助け舟がなければオバマ大統領のメンツも保てなかったぐらいですから。

たしかに、アメリカによる軍事介入が回避されたことはよかったと感じた人は多かったのかもしれません。

しかし同時にそれは、これまで中東において安全保障上の秩序を提供してきたアメリカの覇権が揺らぎつつあることを決定的に示しもしたのです。

もともと中東におけるアメリカの支配的な地位は、イラク戦争後の状況をアメリカが有効にコントロールできなかったことで崩れはじめていました。

２０１１年にエジプトのムバラク大統領が反政府デモの圧力によって退陣したのはその象徴です。なにせ、ムバラク大統領はアメリカの庇護のもと29年にわたってエジプトで独裁政権を維持してきたわけですから。

ムバラク大統領の退陣は、ある意味で、中東におけるアメリカの退陣でもあったんですね。

シリア問題をめぐるオバマ政権の迷走ぶりは、中東におけるアメリカの影響力をさらに低下させました。

その結果、イスラエルやサウジアラビアといったアメリカの同盟国は、もうアメリカにばかり頼ってはいられないと、独自の行動を模索しはじめました。

アジア重視の政策を掲げていたオバマ大統領はなぜＡＰＥＣを欠席したのか？

アメリカの地位低下を示す出来事はほかにもありました。

たとえば、2013年10月におこなわれたAPEC（アジア太平洋経済協力会議）で、オバマ大統領が出席を急遽とりやめる、ということがありました。

アジア重視の戦略を掲げていたオバマ政権にとって、本来ならこれはありえないことでした。にもかかわらず、オバマ大統領は欠席せざるをえませんでした。

なぜかといえば、当時、アメリカ議会では共和党と民主党の対立から予算案が成立せず、連邦政府の一部が閉鎖されてしまっていたからです。

要するに、内政の紛糾で外遊どころではなくなってしまったんですね。

これによって、中国の海洋進出や北朝鮮の核開発などの問題をかかえるアジアに対してアメリカがどこまで関与するのか、その本気度と抑止力に大きな疑問符がつくことになりました。

このままではアジアにおいてもアメリカのプレゼンスが薄れかねない状況になったのです。

たしかにアメリカの大統領がAPECを欠席するのはこれが初めてではありませんでした。1995年に当時のクリントン大統領が同じような内政問題からAPECを欠席しています。

しかし、中国の台頭や東南アジアの経済成長によってアジアの重要性は当時とは比較にならないほど増加しています。それを認識していたからこそ、オバマ大統領は「リバランス」政策によって、アジア・太平洋地域にアメリカの軍事・外交上の重心を移したのです。

にもかかわらずオバマ大統領はAPECへの出席をとりやめました。

その波及効果は決して小さくありませんでした。

それにこのときはＡＰＥＣ欠席の背景になった問題が深刻でした。

アメリカ議会で予算案がなかなか成立しなかったのは、オバマ大統領が推進する医療保険改革をめぐって民主党と共和党が激しく対立したからでした。そこにあるのはもちろん「(福祉を充実させる) 大きな政府か、(自助努力を基本とする) 小さな政府か」という政治思想上の対立です。

しかし、その対立がここまで激化したのは、アメリカ政府の財政難がますます深刻化して、福祉を充実させようにも分配するパイがほとんどなくなったからにほかなりません。

税収が増えつづけ、分配するパイがどんどん大きくなるような時代状況であったならば、これほど両者の対立は激しくなっていなかったでしょう。

要するに、財政上の拡大路線をとれるほどの経済的な余裕がアメリカになくなってしまったからこそ、オバマ大統領はアジア歴訪どころではなくなってしまったんですね。

アメリカの国防予算削減によって進む、世界的な軍事力の再編成

この経済的な余裕がないという事態こそ、アメリカの覇権にとってもっとも深刻な脅威にほ

かなりません。

というのも、当然のことながら、経済的な余裕がなくなれば軍事にかけられる予算も減り、軍事力そのものの低下さえももたらされかねないからです。

事実、アメリカの国防予算は財政難によって2012年度から10年間で4870億ドルも削減されることが決まりました。さらに2013年からは10年間で5000億ドルの強制削減も義務づけられました。

この強制削減は今後解除される可能性があるものでしたが、もしこうした予算削減措置がつづけられれば、陸軍は現在の54万人から最小で38万人に、海軍の空母打撃群は11隻から8隻に、海兵隊は19万5000人から15万人に縮小される可能性があるとみられています。

こうしたアメリカの軍事力の縮小は世界的な軍事力再編をもたらさずにはおきません。

というのも、これまで米軍がいたところから米軍がいなくなれば、そこに力の空白ができ、その力の空白を誰が埋めるかをめぐって各国の「つばぜり合い」が生じるからです。

たとえばペルシア湾では2013年に米海軍が常駐空母を2隻から1隻に減らしたことで、イランが高速小型船団の活動を活発化させるようになりました。

これに対して、イランと対立するサウジアラビアはその活動に神経をとがらせ、特殊部隊用の巡視船の購入を急ぎました。

世界を見渡せば、こうした海軍力の再編成はいたるところで進行しています。経済が成長している新興国が軍事力を増強していることも、その再編成に拍車をかけています。

2013年8月にはインドが同国初となる国産空母の進水式をおこないました。長らく空母の自国生産をめざしてきた中国も、2017年にその進水式にこぎつけました。これに対して、南シナ海で中国と領有権をめぐって対立しているフィリピンも、日本から巡視船10隻の供与を受けるなど、軍備増強に動いています。

アメリカの国防予算が削減されるなか、このように他国の海軍力が強まれば、当然アメリカの海軍力は相対的に低下していきます。

もちろんそれによってすぐに米軍の圧倒的優位性が崩れるわけではありません。が、アメリカ海軍力の低下によって世界的な海軍力の再編成が進んでいることは、無視できない現実なのです。

中国はアメリカに代わって世界の覇権国になるか?

戦後から現在までの世界秩序は、巨大な海軍力によって世界帝国となったイギリスの海上覇権を20世紀前半にアメリカが引き継いだことで確立されてきました。

いまでも太平洋と大西洋はアメリカの制海権のもとにあります。

その海上覇権が相対的にせよ小さくなることは、世界秩序そのもののあり方が根本的に変わっていくことを意味します。

その世界秩序のあり方が今後どのように変化していくのか、確実にはわかりません。

ただ、少なくとも予想できるのは、アメリカに代わって世界的な覇権を〝一国で〟担えるような国は今後できそうにないだろう、ということです。

中国はどうでしょうか。

たしかに中国は13億人という世界一の人口を抱え（アメリカは3億人）、いまだに高い経済成長を実現し、米国のGDPを猛追しています。2020年代のどこかで中国はアメリカのGDPを追い抜いて、世界一の経済大国になることはほぼ確実だといわれています。

中国は現在「一帯一路」という経済圏構想を掲げ、自国を中心とした経済圏をユーラシア大陸に確立しようとしています。2017年には「一帯一路」の初の国際会議を中国は開催しました。この構想が成功すれば、アメリカに干渉されにくい独自の経済圏を中国は築くことができるかもしれません。

とはいえ、同時に中国の人口は近いうちにインドに抜かれると予想されています。国連が

2015年7月に発表した「世界人口予測」では、2022年にはインドの人口が中国の人口を抜いて世界一になると予想されています。

また、経済力にしても、中国ではすでに少子化の影響によって生産年齢人口が減少しはじめています。その中国が、今後も高い経済成長を実現しつづけられるかどうかは不透明です。アメリカに代わって世界的な覇権を〝一国で〟担うためには、中国はアメリカのGDPを抜くだけでなく、その何倍ものGDPを達成しなくてはなりません。

はたしてそこまで中国経済が成長できるのかどうか、難しいところです。そのあいだにインドも高い経済成長によって中国のGDPに迫っていくでしょうし。

それに中国には、世界的な覇権を担うためのソフトパワーが足りません。世界的な覇権を担うためには普遍的なルールを策定するソフトパワーが必要になりますが、オープンで民主的な社会を実現していない中国がそうした普遍的なルールを策定できるとは、考えにくいです。

そうなると、20世紀前半にアメリカがイギリスの覇権を引き継いだようには、アメリカの覇権はどこかの一国によって引き継がれないだろう、と考えるのが合理的です。

さらにいえば、オバマ大統領の後任となったトランプ大統領は、オバマ大統領とは逆に、同盟国などとの関係強化によってアメリカの指導力を維持・強化する方向に進もうとしているようにもみえます。

トランプ大統領の政策次第では、オバマ政権時代に低下したアメリカのプレゼンスが多少復活するかもしれません。

とはいえ、長期的にみれば、アメリカの力の優位性が相対的に小さくなっていくだろうことは否定できません。

その優位性の縮小をどの国がどのように埋めるのか、アメリカ自身がどこまでその優位性を維持できるのか。しばらくは新しい世界秩序への模索がつづけられるでしょう。

あとがき

本書のもとになったのは月刊誌『サイゾー』での連載です。連載のテーマは、哲学のエッセンスをもちいて現代社会を読み解く、というものでした。連載のタイトルは「哲学者・萱野稔人の〝超〟現代哲学講座」、連載期間は２０１２年５月号から２０１３年12月号までです。

その連載を本書にまとめるにあたって、もとの原稿を大幅に加筆修正しました。というのも、連載には時評的な性格が強く、連載時の社会状況が大きく反映していたからです。その時評的な性格を薄めて、より巨視的な視点から現代社会のしくみをとらえるための哲学入門として編み直したのが本書です。

本書をまとめるにあたって『サイゾー』編集長の岩崎貴久氏には多大な尽力をいただきました。岩崎氏は連載時から私の担当をしてくださり、その鋭い指摘や豊富な情報によっていつも私に知的刺激をあたえてくださいました。心より感謝申し上げます。

本書は、月刊誌『サイゾー』2012年5月号から2013年12月号に掲載された連載に、加筆、修正したものです。

［著者紹介］

萱野稔人（かやの・としひと）

1970年生まれ。哲学者。津田塾大学教授。パリ第10大学大学院哲学科博士課程修了。博士（哲学）。哲学に軸足を置きながら現代社会の問題を幅広く論じる。大学での教育・研究活動のかたわら、衆議院選挙制度に関する調査会委員、TBSテレビ番組審議会委員などを歴任。主な著書に『国家とはなにか』（以文社）、『暴力はいけないことだと誰もがいうけれど』（河出書房新社）、『新・現代思想講義　ナショナリズムは悪なのか』（NHK出版新書）、『哲学はなぜ役に立つのか？』（サイゾー）、『成長なき時代のナショナリズム』（角川新書）、『暴力と富と資本主義　なぜ国家はグローバル化が進んでも消滅しないのか』（角川書店）など。

社会のしくみが手に取るようにわかる哲学入門

2018年4月7日　初版第1版発行

著　　者　萱野稔人
編　　集　橋富政彦
装　　丁　坂本龍司（cyzo inc.）
D T P　inkarocks
校　　閲　株式会社鷗来堂
発 行 者　揖斐　憲
発 行 所　株式会社サイゾー
〒150-0043 東京都渋谷区道玄坂1-19-2-3F
電話 03-5784-0790（代表）

印刷・製本　株式会社シナノパブリッシングプレス

ISBN978-4-86625-103-5